魅力的な十人の女性

[編] 高畠 久

彩流社

JN101378

目次

はじめに

最近の女性は綺麗になった。スタイルも顔だちも良くなり、ファッションもヘアメイクも上手になって、思わず見惚れてしまう。ところが第一印象は凄く魅力的に見えた女性が話している内にだんだん魅力が無くなっていくことがある。逆に、話しているうちに見掛け以上に魅力的になっていく女性もいる。アメリカ映画のシナリオのセオリーに『ヒロインは最初は普通の女性だったのに、映画が進行するに従って魅力的になっていき、ラストでは観客に愛され支持されなくてはならない』というのがある。現実の世界で言えば、会えば会うほど惹きつけられる女性が魅力的な女性なのだということだ。私は映画・演劇のプロデューサーであり脚本家だから、そういう本物の魅力的な女性が増えて、どん底に落ちた日本を変えるシナリオが頭に浮かんだ。ヒントになったのは『女だけの都』というフランス映画。駐屯を求めて来たスペイン軍を恐れる市長以下の男たちを部下にして、女が支配する都を装って女の知恵で都を守った映画だ。日本を変える魅力的な女性とはどういう女性かを考察することがシナリオの第一歩。私が魅力的と思った女性とは会うたびに発見があった女性たちだ。そういう付き合いをしてきた女性たちにインタビューをして、彼女たちの魅力の根底にある生き方を知りたいと思った。

彼女たちに説明した企画意図を聞いていていただきたい。

「現在の日本はどん底だ。貧困、雇用状況悪化、希望が持てず将来不安、刹那的な犯罪と自殺が増える。そういう国民生活を救うのが国の政治であり政治家の使命だと思うが、政治家は自分のために働いていているだけだ。経済界も経営者の大半が社会に貢献する気持ちがない。その結果、世界的に見て日本国家の品格も人気も評価もどんどん落ちている。特に国民の生活に関わる項目では最低であり、国民の心の問題を救う文化政策に至ってはさらに低い。そこへコロナが襲って来て混乱。もはや男たち中心の政治と経済では日本は救えない。女性の力で社会を変え、日本を救う」

「それと私たちのインタビューとどう繋がるの？」

「社会が苦境に落ち入った時、それを救ったのは女性の力なのです。太平洋戦争に負けて、威張っていた男たちが何も出来ずにウロウロしている時に、女性たちは子どもを飢え死にさせてはならないと立ち上がって目の前の問題を現実的に解決していった。イタリアも同じで、『市場で女たちは元気に食糧を抱え男たちは力なく路傍にしゃがんでいる写真、フィレンツェの美術館で観た一枚の写真が終戦直後のイタリアを象徴している』とEU大学院大学教授だった友人山本哲氏が言っている。戦後最初の国会議員選挙でも多数の女性議員が誕生した。そういう女性たちの力で日本復活の第一歩は始まったのに、復活してくると男たちは女性を排除して支配していった。女性の国会議員数も会社の役員数も世界レベルでは先進国の中で最低になってしまった。その結果が現在の社会状況。こんな日本を救うには再び女性にお願いするしかない。イギリスのサッチャー首相、ドイツのメルケル首相が長期政権になり発展したのは彼女たちが権力志向じゃないから有能な人材がのびのびと力を発揮したからです」

「それは分かった。女性がその気にならなきゃとは思うけれど、それで私たちはなにを？」

「私の考える魅力的という意味は、英語の形容詞でよく使われるスマート(Smart)の意味なんです。アメリカでは『頭が良い、センスが良い、洗練されている、人間の心が分かる』などの内面的な面と『引き締まっていて無駄のない身体、きびきびした動きと豊かな表情』などを総合的に表現する言葉で、カッコ良くて魅力的という意味で、性別や年齢に関係なく称賛の意味を込めて使われています。みなさんはそういう意味でスマート・レディだと思ってお願いするのです。みなさんの生まれ育ちから、仕事、結婚、出産、離婚、チャレンジして来たことなどを取材とインタビューによって明らかにすることで、あなたたちの魅力の秘密が分かるのではないか。そこには多くの女性たちが魅力的な女性になるヒントがあるのではないかという思いでお願いしているのです」

「役に立つかしらね」

「多くの女性が持っている力を引き出す一粒の麦です。魅力的な女性が日本を救うのです」

「正直に自分を語れば良いのね」

「そうです。正直に自分を語っても魅力的なのがスマートレディです」

というような交渉でインタビューの申し込みを引き受けていただいた。

年齢順に十名を紹介させていただく。

《永井多恵子《ながいたえこ》さん》はNHKアナウンサー、解説主幹、女性初の副会長を歴任して、現在も世界演劇協会日本センター長、せたがや文化財団理事長を兼務、八十歳を過ぎてなお、文化活動を通して社会を変えることにチャレンジを続け、二十年前にはフランスの文化芸術勲章オフィシェも受賞している。大学時代は演劇に没頭、劇団民芸とNHKに受かったがNHKを選んだ。三十代で結婚して二人の子どもを産み育てながらも、芸術文化、教育、働く女性問題、男女均等などをNHK時代から現在まで一貫して追求している。それなのに彼女は、「私は与えられたことを責任もってやってきただけの普通の女よ」と言う。

《中川裕季子《なかがわゆきこ》さん》は二歳半から踊り、十六歳で東宝から女優デビュー、十九歳でブロードウエイに留学。三十歳からはタップダンスからモダンダンスまで多くのダンサーを育てるだけでなく、百名を越えるダンサーで繰り広げるダンスイベントの企画・演出を手掛け、七十歳を越えた今も現役を続けている。今年(二〇二一年)も、コロナで出演チャンスが無くなったダンサーを救うために、博品館公演を実現した。二人の幼い子どもを抱えて二十代後半に離婚して獅子奮迅、娘が結婚して孫が出来てから幸せな再婚をしている。

《吉田幸子《よしだこうこ》さん》は広告デザイナーだったが出産後専業主婦、子どもが小学校に行くようになってフラワーデザイナーになった。出身地の秋田羽後町の無形文化財『西馬音内盆踊』の名手であり、東京における普及活動を地道に続けている。この人の踊りを見ていると、日本女性の魅力、品の良い色気と言うのはこういうものかと実感する。世界へ発信したい日本女性の魅力だと思う。彼女は二年前に未亡人になったが気持ちを切り替えて笑いの堪えない生活を続けている。この人の豊かな笑顔を見ているだけで周りは救われる。日本を救ってくれるのはこういう女性の存在だと思ってしまう。

《キャサリン・ジェーン・フィッシャーさん》はオーストラリア人、モダンアートの美術作家だ。四十年前に日本に来て、金髪モデルでテレビやＣＭで活躍、日本人と結婚して三人の男の子がいるが離婚した。シングルマザーの彼女が横須賀で米兵にレイプされた。彼女はレイプ被害者のための戦いを国際的に開始した。レイプ被害の苦しみとその後の闘いを書いた本が二〇一四年にオーストラリア、二〇一五年に日本で出版された。二〇一九年には国連人権理事会でスピーチ、二〇二〇年にはノーベル平和賞にノミネートされている。その強さとは裏腹に、人間的な話にすぐ涙ぐむのだ。そういう感性こそ今の日本社会を救う力だと思っている。

《是蘭《ぜらん》さん》は混合技術を駆使した独特の美術作品で受賞歴もあり、コロナ禍の中で文化庁と京都市の支援で個展も開いている。是蘭というのはアーチスト名で本名は鈴木優子。本名ではソニーで実績を残し、美術のために早期退職したが世界的教育企業の顧問になり、今も続けながら美術活動をしている。動きも含めて全身からスマートさが漂ってくる。とても魅力的なのに、一度も結婚しないで独身を通している。結婚しない理由が面白い。それはインタビューの中で明らかになる。

《兵藤祐子《ひょうどうゆうこ》さん》は高校時代から女優になりたくて大学でも古典戯曲を卒業論文にしたくらいだっ

たが、劇団の入団試験に落ちて化粧品会社に就職した。結婚と出産、子どもが障がい児だったこともあり、社会問題、特に福祉の現状に問題ありと思うようになり、改善するために住んでいる港区の区議会議員になった。いかにも議員というタイプではなくて、弱者の立場で社会を見て考えている。一番欲しい議員なのではないかと思う。

《吉川雅子《よしかわまさこ》さん》はオーストラリアの大学院留学から帰国後、日本語学校で教えながら事務長も引き受け、同時に学習塾も経営、キャスターを務めるラジオ局では、乞われて社員じゃないのに放送部長になった。それだけ求められているのに一箇所に定着するのを嫌っているようだ。パラレルウオーカーの先駆けだ。彼女の魅力は失敗を恐れないチャレンジ精神。朗読で心豊かな社会を創りたいという想いで、二〇二〇年に『NPO法人声物園』を設立している。独身だが、忙し過ぎるので結婚どころではないようだ。

《中前由紀《なかまえゆき》さん》は京都で高校を卒業して仙台の東北大学、東京の一流企業に就職したが間もなく退社、二十九歳で東京都港区議会議員に当選、現在連続五期目で忙しく自転車で飛び廻っている。行動力を見るとチャレンジ精神に溢れた活動的な女性のイメージが浮かぶが、お会いすると目の前にお嬢さんがいるという感じだ。アーチストや新しい企業や組織を立ち上げた女性たちは、少女の心を持ち続けながら大人の知恵で活動する女性が多いが、中前由紀さんも典型的にそういう魅力を持っている。少女の心のままでは結婚できないのか？　独身を通している。

《霜鳥《しもとり》まき子さん》はJALの国際線キャビン・アテンダントを十年間勤めた後でパーソナルスタ

イリストという仕事を開始して会社も立ち上げた。絶対音感の持ち主でピアノを弾いて作詞作曲もする。子連れ狼、いや子連れ女狼よろしく、当初はベビーカーに娘を乗せてスタイリストの仕事をしたという。決めた以上は何がなんでもやり抜くという強い意志と行動力がある。お会いすると、自由の女神のような厳しくてやさしいスマートな女性だ。一人娘も私から見ると理想的な中学生に育っていて、ご主人と娘と理想的な家庭を作っている。

《卜部裕里子《うらべゆりこ》さん》は国立音楽大学を卒業してハンガリー国立リスト音楽院に留学、ブタペストの教会のパイプオルガニストも務めたピアニストだが、私が最初に会ったのはポピュラーミュージックを自分でアレンジしたミニ・コンサートだった。音楽性豊かなポピュラー音楽の後でアンコールで弾いたリストの曲に感動した。私は音楽はジャンルに関係なくて良い音楽は良いと考えているが、それを目の前で展開してくれたアーチストだった。後で知ったことだが離婚問題の苦しみから自立して立ち直るためにチャレンジしたコンサートだったという。その後、卜部さんは正式に離婚が成立してシングルマザーとして二人の息子を育てながら音楽活動を続けている。

この十名の女性たちの結婚・離婚・出産に関して分類してみると、結婚して子どもがいる女性が四名。ただし一名は未亡人。離婚して子どもがいる女性が三名。ただし一名は再婚。独身を通している女性が三名。こうして見ると離婚と独身が通常の平均より高いかも知れないが、日本社会でも年々増加しているのだから彼女たちは先駆けなのかも知れない。

インタビュアーを若い女性たちにお願いした。これからの日本を創っていくのに欠かせない若い女性たちに、先輩の女性たちに聞きたいことをストレートにぶつけて欲しいと思ったのと、彼女たちが自分を魅力的な女性にしていく何かを学んでほしいと期待したからだ。上智大学法学部二年生の田熊優衣《たくまゆい》さんが中川裕季子さんと兵藤祐子さんと霜鳥まき子さんにインタビュー。新体操の選手から女優になった大林《おおばやし》ちえりさんが吉田幸子さんと是蘭さん、聖マリアンナ医科大学二年生の木田《きだ》未来《みく》さんが中前由紀さん、バンタンデザイン研究所スタイリスト本科生の松本舞花《まつもとまいか》さんがキャサリン・ジェーン・フィッシャーさん、OLを辞めて上京して舞台女優になった傍島《そばじま》ひとみさんが永井多恵子さんと吉川雅子さんと卜部裕里子さんにインタビュー。インタビュアーが若くて未熟な面もあったのだがインタビューされる女性たちがカバーしてくれた。私が聞きたいと思っていることを、インタビュアーが聞かなくても答えてくれたのだ。相手の聞きたいことを瞬時に理解するのもスマート・レディの条件だ。

この十名の女性たちもそれぞれに悩みや苦しみがあり、選択を迫られた時があったようだが、それをどう考え、何を選択し、如何に覚悟して生きて来たのか？　今回のインタビューで四十数年前の離婚理由を始めて語ったり、決断を迫られた時は新しい可能性を求めて未知の方を選んだという生き方、全てを失った時に何も無くなって楽になったと感じたなど正直に語ってくれた。

インタビュアーも十四歳の時に性犯罪の被害にあったことを思わず話してしまうハプニングもあった。十名それぞれ違う生き方だが、共通しているのは前向きでチャレンジ精神に富んでいること、他者のことを思う心があり、生活や社会状況に現実的に対応しながらも夢を持ち続けていることだった。インタビュアーと同世代の若い女性たちに期待したいのは、この十名の生き方から何かを学んで、これからの日本を変えていく魅力的な女性になって欲しいということだ。どん底に落ちた日本を救うのはあなたたちですと祈るような気持ちでこの本をプロデュースした。

註
十名の女性のインタビュー＆取材記事を年齢の上から順に一から十にした。プロフィールは基本的には本人から提出して貰ったまま掲載したから、形式の統一はしていない。インタビューは二月二十六日が最初、四月四日が最終だった。企画を決めた二月初めから事前取材、インタビュー後の追加取材もして、本人たちのチェックもいただいている。

一　永井多恵子さんのこと

中学の時から映画・演劇を目指していた私は、大学は迷わず早稲田大学文学部演劇科の受験を決めていた。京都の高等学校だから周りは京都大学を第一志望にしていたし、先生も京大なら受かるだろうと勧めてくれた。わが家は樺太《カラフト》(現サハリン)からの引揚者で貧乏だったので、親は東京に行っても仕送りは出来ないと言ったが、私は第一も第二も志望は早稲田大学文学部演劇科だった。

入学すると同時に学生劇団のどこに入るかを考えた。最初に部室を訪ねたのが早稲田大学演劇研究会(劇研)。ゴーゴリ作『検察官』を五月に公演すると聞いてすぐに入団すると決めた。サハリン生まれの私はロシアが身近で、チェーホフやゴーゴリを読んでいたからだ。そうして稽古場でお会いしたのが、市長夫人アンナ役を演じる三年生の高島(現永井)多恵子さんだった。特別美人だとかスタイルが良いとかいうのではないが都会的な女性で惹きつけるものがあった。もう一人、永井さんと同じ三年生でスタイルが良い魅力的な女性がいた。鬼頭立子さん、後に大阪朝日放送のアナウンサーになった演劇科の先輩だ。鬼頭さんもインタビューしたいと思っている女性だ。

一九五〇年代から六〇年代初めまでの劇研が一番活動が盛り上がった時代なので、当時の在籍者が中心になって劇研同窓会は毎年開かれて盛況だった。個別の交流もあったが永井さんが出席することは少なかった。忙し過ぎて出席出来ないと連絡があったらしいことは幹事から聞いていた。劇研仲間の太刀川敬一さんが役者のサイドビジネスで始めた焼き鳥屋で会ったのと、劇研の記録ビデオを同窓会で制作した時、私はプロデューサーとして参加したが、永井さんはナレーションで参加してくれたので会えた。

次に永井さんに会ったのは二〇一一年十一月、京セラ稲盛財団の《京都賞》晩餐会だった。《京都賞》には芸術思想部門があり、四年に一度は映画・演劇部門があって、世界中の映画・演劇のアーチスト&クリエーターの中から一名を選んで表彰する。賞金は五千万円、二〇一九年からは一億円になっている。私は二〇〇三年から推薦人になっていて、二〇一一年も授賞式と晩餐会に出席した。その年度の最終的受賞者を決定する委員会の委員長が永井多恵子さんだと分かっていたが、授賞式も晩餐会も席が決められているので、挨拶も出来ない。しかし、終わった後のロビーで見掛けて立ち話をした。ご主人も京都にお出でになっているということだったので、やはり劇研仲間で古刹瑞泉寺住職の中川龍晃・宇太子夫妻と食事をするアレンジを私がする約束をした。翌日、木屋町三条のこじんまりした料亭で五人で楽しい食事をした。

二〇一三年五月。私が主宰するスタジオQが麻布演劇市に参加した第一回公演、大杉栄と伊藤野枝を殺したと言われていた甘粕正彦を描いた『人は来たりて見よ・甘粕正彦憲兵大尉』のナレーションを引き受けて貰った。住宅の一部を使ったプロから見ると怒って帰られても良いようなスタジオだったが短い時間の中で、内容にふさわしい見事なナレーションを演じてくれた。プロデュース・脚本・演出の私としては言葉では表現できないほど感謝した。

公演も観にきてくれたが、ぎりぎりに来て、終わると急いで帰ってしまった。後で知ったが《せたがや文化財団》の理事長になったばかりだし、《公益社団法人世界演劇協会日本センター》長でもあったのだから、超多忙の中でナレーションを引き受けてくれただけでなく観劇にも来てくれたことに感謝した。

二〇一九年十一月京都賞の晩餐会。永井さんは私の斜め向かいの席だったので話も出来た。相変わらず飾らない自然体で魅力的だった。

今回、魅力的な女性として永井多恵子さんを取り上げたいという手紙を出して、数日後に電話をすると「引っ詰め髪で飛び廻っているんだから魅力なんてないわよ」と言う。私が「晩餐会で会った時、魅力的だったよ」と言うと、「そんな時くらいはお洒落するわよ」とおっしゃる。こういうポンポンと会話が出来るところが彼女の魅力だと思った。

内面的な魅力が外面まで魅力的にすると思っているので、今回のインタビューで会えるのが楽しみになった。

（二〇二一年四月四日収録）

一　子ども時代から早稲田大学の演劇活動まで

傍島ひとみ（以後ひとみ）　初めまして、傍島ひとみと申します。昭和三十年代に設立された青年劇場の女優です。よろしくおねがいします。

永井多恵子（以後永井）　青年劇場は秋田雨雀・土方与志記念劇場ですね。

ひとみ　良くご存じですね。実は永井さんにインタビューするのだと劇団の人たちに言ったら、驚いてくれて、頑張ってねと言われました。実は劇団に永井さんの履歴やお書きになった文章が掲載されている雑誌などが保存されていますので読ませていただきました。

永井　そうなの？　そんなのあまり役に立たないでしょ。

ひとみ　そんなことないです。ではインタビューを始めます。資料によりますと、永井さんはお子さんの頃から演劇に興味がおありだったようですね。

永井　祖父が歌舞伎好きで歌舞伎の錦絵を集めたり、ラジオで聞いていたのです。祖父が歌舞伎の絵入りの物語を読んでくれた。終戦前後は子どもの絵本なんて無かったから、それが絵本代わり。

ひとみ　歌舞伎の本なんて難しくありませんか？

永井　ところが解りやすいの。江戸時代の侍のことから庶民生活まで、子どもなりによく解ったわ。祖父は歌舞伎が好きだったから読み方がうまかったんじゃないかな。いつの間にか興味を持ったのよ。

ひとみ　歌舞伎の舞台をご覧になったのはいつですか？

永井　戦後は歌舞伎座だって再建されていなかったし、観るチャンスはなかった。でも、三才の頃、戦争中だけど父が大阪に転勤になって、神戸の劇場で新国劇だと思いますが『森の石松』を観ました。森の石松が襲われて血を流してよろよろ花道を歩いていたのが怖くてよく覚えています。実際の歌舞伎を観たのは東劇ですね。名人・六代目尾上菊五郎の『忠臣蔵』七段目を観ました。大星由良助が目隠しをして遊ぶ『そんならわたしがちょっとでましょ』の真似をしたものです。

ひとみ　早稲田大学の演劇研究会に入られましたね？

永井　一九五六年に早大の文学部仏文科に入って、クラブ活動というより劇団活動として早稲田大学演劇研究会（通称劇研）に入ったのよ。早大には学生劇団がたくさんあって、劇研と並ぶ大劇団だったのが劇団自由舞台、他に素描座とか劇団こだまなどがあったわね。

ひとみ　演劇研究会を選んだ理由は何でしょうか？

永井　当時、政府の米軍対応に反対する学生運動が盛んで、私が大学二年生の一九五七年には砂川闘争、一九六〇年には安保闘争と続く時代ですからね。大学の劇団は運動の先端を行っていたのよ。中でも自由舞台は共産党とか左翼系の人が多くて、上演する演劇も社会性のあるテーマだったの。それに対して劇研は文学性があったのよ。それでも反政府活動の気運は高かった。他に劇団こだまはフランス演劇だった。入学した年の劇研の公演は『風浪』（作・木下順二）。それを観てレベルの高さに驚いた。演技力なんて学生のレベルじゃないと思ったので劇研に入ったのよ。

ひとみ　俳優を目指したのですか？　それともスタッフとか演出とか？

永井　特に決めてはいなかったけれど、高校生の頃から書いたり演出することに興味はあったの。でも稽古をしている内に演じることが楽しくなった。劇研は五月と十一月に本公演、夏には地方巡業公演をするのです。二年生の秋には劇作家福田善之さんの代表作になった『長い墓標の列』の初演をしました。これは戦前に東京帝国大学で実際あった事件で、軍の圧力で辞職させられた教授のドラマです。劇団員ではなかったが、その後『上を向いて歩こう』など大ヒット曲を作曲したいずみたくさんが音楽で参加した。三年生の秋には劇団の先輩羽根井昭夫さんと演出部の共作で創作劇『秩父困民党』を上演した。一人何役かを演じて延べ一五〇名が登場する大作だった。この二作品の演出は同級生の中川晃(龍晃)、優秀な演出家でしたよ。卒業後は日本テレビに入って新人演出家として期待される作品を発表していたが京都の古刹を継ぐために退社した。三年生春公演はゴーゴリ作の喜劇『検察官』、私は市長夫人アンナ役を演じた。その時の照明スタッフだった橋本征夫は卒業後照明会社に入って発展させたし、音響スタッフだった八幡泰彦は音響会社を立ち上げて大きな会社に育てあげた。美術の門奈昌彦は日本テレビの美術へ、退職後もフリーでテレビ美術の仕事を続けているし、布を買って衣装を仕立てるという学生演劇では考えられない見事な仕事をした南坂登は東宝に入った。そうそう四年の春公演はアーサー・ミラー作、倉橋健訳『るつぼ』でエリザベスを演じました。本邦初演でした。後に、劇団民芸が上演しましたね。こうして考えてみると、文学部に演劇科があるくらいだから、早稲田の劇団メンバーはプロになるために取り組んでいたことになるわね。明治大学や女子美術大学からも劇団活動は早大劇研に参加する人たちもいたのよ。最も活発な時代だったかも知れない。私が卒業した一九六〇年の六月十八日に安保が通過したことで反対運動をしていた学生たちは虚脱感に襲われて、劇研の活動もその後熱意が下がっていきましたね。

高畠コメント
私は一九五八年春に劇研に入って、五月の『検察官』のレベルの高さに入部して良かったと嬉しくなった。六月の新人勉強公演でブレヒトの『カルラールおかみさんの銃』の演出をした。一年生が演出するのは珍しいケースだと後で分かった。俳優座がブレヒト作品の上演を始めた頃なので、プロの劇団三期会のメンバーが観に来た。プロが学生の勉強会公演を観るという珍しいことが起きたのだが、それほど劇研のレベルは高かったということでもある。劇研の先輩でプロになった人には今村昌平監督、俳優の加藤武、小沢昭一などがいる。その後も新劇や商業演劇で活躍した俳優やスタッフが多数いる。部室が隣だった劇団自由舞台からは俳優の加藤剛、演出家の鈴木忠志、劇団こだまでは私の二年後輩になるが、アナウンサーの久米宏、テレビ演出家佐藤重直、俳優の佐藤B作、俳優ではないが田中角栄の娘で大臣にもなった田中真紀子がいる。演劇の気運が高まっていたし、映画やテレビの仕事をするにはスタッフも役者も演劇が基礎になると考えられていた時代だった。

ひとみ　安保闘争の時、デモとは別に国会や首相官邸の周りをアベックを装って三々五々うろつくデモがあって、永井さんと腕を組んで行ったことがあるけれど、既にＮＨＫに入っていたのによくそんなこと出来たなあって、高畠さんが言うんですよ。憧れの先輩と腕を組んで歩きたかったという夢を話しているんじゃないでしょうね。高畠さんは、プロデューサーは嘘を本当のことのように話すから気を付けなさいよって、女優の私にアドバイスしてくれていますし、考えてみれば高畠さんもプロデューサーですから、永井さんに確認したいのですが。

永井　（笑って）ＮＨＫの最初の仕事は仙台中央放送局のアナウンサーでしたが、安保のことは気になって、休日には東京に帰って来て国会の周りにも行ったのよ。女子学生が亡くなった後で静かでした。直ぐ、帰りましたよ。

ひとみ　これも高畠情報ですが、ＮＨＫと文学座の試験に両方受かって、ＮＨＫを選んだそうですね？

永井　いいえ、文学座ではなく劇団民藝です。教授が推薦してくれたのです。でも、大学の就職担当者から、女子採用が少ないのに採用されたのだから、是非ＮＨＫへ入って下さいと言われましたし、周りもＮＨＫを勧めてくれましたからね。

二　ＮＨＫ入局、アナウンス部から解説委員会へ

ひとみ　ＮＨＫはアナウンサー部ですか？

永井　そうです。当時のＮＨＫはアナウンサーしか女性の公募はなかったのです。最初は仙台、一年で帰って来て東京勤務です。現在はアナウンサーも個性を発揮して自由に活動出来るようになりましたが、当時は原稿を読むのが仕事で、演劇を一緒に創るような充実感とか喜びが無かったので

す。数年でアナウンサーは辞めようと思いましたね。ただ、当時は『劇場中継』という仕事があって、それだけは自分で原稿を書いて放送出来るのです。劇団四季の公演や劇団民藝の舞台の解説のような仕事が楽しかった。また、ニュースを解り易く報道するニュースショー番組も始まり、『スタジオ102』のキャスターも経験しました。田中角栄首相にインタビューしたり、大学紛争の実況中継をしたり、また、『文芸ジャーナル』という新番組では三島由紀夫、木下順二、開高健、大江健三郎さんにインタビューしたこともあります。一九六八年頃ですよ。また、札幌オリンピックでは、女性として初めて『フィギュアスケート』の中継放送に携わりました。当時、男性アナウンサーは選手を敬称なしで『山田』などと紹介していたのですが、女性ですし、『○○選手』と言い方を工夫しました。今は『○○選手』というのが普通になりましたね。

ひとみ　それで、解説委員にはどういうきっかけで、アナウンサーからは初めてですか？

永井　女性としては初めてです。私は何になるにしても、偶然ということが多いのです。ある日、解説委員の副委員長から話があったのです。

ひとみ　そうですか。ところで解説者ってどういう仕事をするのでしょうか？

永井　日々のニュースの中から必要なテーマを選んで、深く掘り下げて問題点も挙げて解説するのです。いつ、出番が来るか分からないので、普段から自分の専門分野については勉強しておくことが大切なんです。その日に起きた重大ニュースをすぐ、取材して解説するのですから、大変なんです。キーになる人物にお会いして聞き出したことを含めて解説することもあるのです。

ひとみ　テーマは多岐に渡りますね。
永井　そうよ。ところであなたは日本人ですか？
ひとみ　はい。日本人です。
永井　それはなぜ？
ひとみ　父も母も日本人だからです。
永井　では、最近はシングルマザーが増えていますけれど、母親は日本人だけれど、父親は戸籍上不明の場合はどうなると思います？
ひとみ　日本人じゃないんですか？
永井　一九八〇年当時、日本の民法では母が日本人だとしても日本人と認められないのです。『父が日本人であるとき、と書いてある』、だから逆に母親は不明でも父親が日本人なら認められるのです。法律で守られていないから、父親が認知されていない子どもの日本国籍を取るのはシングルマザーにとって大変な手続きが必要になるのです。それで諦めてしまって、子どもが無国籍になるケースが多い。私が解説委員になった当時、ベトナム戦争の後遺症で沖縄は無国籍の子どもが多かったのです。
ひとみ　そうでしょうね……。
永井　それで国際法も参考にして、解説で問題提起するだけでなく法務省法務局にも掛け合ったのですが、『そういうことになっていますから』という回答だけでした。法務局が何も動かないから、

インタビュー取材中の永井多恵子さんと傍島ひとみさん

沖縄の子どもたちは日本国の保護は受けられないのです。それが貧困や犯罪に結びつくと思ったら怒りが込み上げて来て、闘わなくてはと思いましたね。

ひとみ　やり甲斐のある仕事ですね。

永井　私は芸術文化、教育と働く女性を中心にニュース解説をしました。こういう分野は、少しずつ変わって行くのですが思い切った変更はなかなか実現しなくてね。男女均等問題だって私が入った頃のNHKは圧倒的に男性優位社会で、結婚や育児で退職するという女性の生き方が好ましく思われた時代でした。子どもが出来て子育てと両立は大変なとき、辞めた方がいいんじゃないかと圧力を掛けられました。悩んだ時間もありましたが、でも、仕事は生きる術《すべ》と感じる何かがありましたね。

ひとみ　仕事の不満と子育て、二つのターニング・ポイントですね。

永井　そうね。働く女性たちが悩む問題だと思います。私自身がそういう問題にぶつかった時は、社会を変えなきゃと思ったし、なんかエネルギーが湧いて来たのですよ。

ひとみ　そのエネルギーでＮＨＫで取り組んだことをもう少しお聞きしたいと思います。

三　ＮＨＫ在籍中の文化政策、そして女性問題との闘い

永井　解説委員として取り組んだのは『文化政策』ですね。文化は古代から生きた証《あかし》ですし、文化が国家や市民社会のキーになると思いましたから、職責と関係なく私の取り組むテーマになりました。

ひとみ　では文化政策に関して、どういうお考えで何をなさったのか話していただけませんでしょうか。

永井　当時、国家が保護していたのは伝統文化だけでした。現代の文化と芸術について政策が定まっていなかったのです。しかし、現代の文化こそもっと支援し国際的にも『日本文化』を訴えるべきだと思ったのです。ちょうど新国立劇場が出来る時でもありました。特に、現代のアーチストの育成を願ったのです。一方、中国は当時、経済的には日本より途上だった時代でしたが、国立養成所が各都市に設立されていて、寄宿舎も完備、入所した若者たちは体の動かし方から発声まで基礎

訓練を受けるだけでなく、京劇の伝統的な技術も身に付けた上で、現代のリアルな演技も学んでいたのです。そこで育った俳優たちが話劇(現代劇)だけでなく映画やテレビドラマでも活躍していました。国家として、演劇の位置付けが明確でした。それに比べて日本は歌舞伎や能狂言の保護はしますが、現代の舞台芸術ではまだまだと思っていました。歌舞伎や能狂言の基礎訓練を行った上で、リアルな技術を身に付ける国立養成所を開設したらどうか、三宅坂の国立劇場に付属機関として歌舞伎の脇役養成所があったので、それを拡大して開設することは出来ないか、国際交流基金などで歌舞伎や能狂言の海外公演をするのは良いことなのですが、本当の文化的世界交流は、例えばシェイクスピアを歌舞伎で上演する試みとか、歌舞伎の舞踏劇をオペラにする試みは考えられないかなどと話したりしましたね。しかし、国はそこまでは動きませんでした。近年は少し、変わってきたようにも思いますが。

ひとみ　文化庁も文化のことを理解していない。これで文化庁かって、高畠プロデューサーも言っていましたけど、文化的な人が中央官庁には採用されないのでしょうか?

永井　一般に、日本人は普段の生活の中に、舞台を観るとかコンサートを聴くとか、そういう習慣がないですね。欧州ですと、夜は劇場に行くというのが生活の中に組み込まれている。不要不急なのではなく生きて行くために欠かせない、とドイツ首相も言っていましたが、そのようなことを言う政治家は日本にいないですね。そんな思いで、いくつか番組も制作して放送しました。

ひとみ　インターネットで調べましたから読ませていただきます。(メモを見て)『文化交流の障壁』『芸術の園をどう耕すのか』『舞踏―人は何故踊る』などですね。

永井　本人が忘れていることまで調べられるのね。英国には経済学で著名なケインズという人がいて、第二次世界大戦後の復興を文化振興に求める発言をしていました。それが、『芸術の園をどう耕すのか』なのです。ロンドンにも取材し、ナショナルシアターの芸術監督や蜷川幸雄、山崎正和、高橋康也さんなどとのインタビューで構成した番組を放送しました。芸術振興基金が五百億円でスタートした時でした。経済界から百億円の資金も集められました。今、多くの人たちが助成を受けているはずです。

ひとみ　その後、浦和の放送局長になられたのですね？

永井　はい、一九九〇年に浦和（現さいたま）放送局の局長、望みもしなかったのですが、そういうことになりました。ただ、地域市民と繋がって何かが出来ると考えました。都市近郊問題をドキュメンタリー・ドラマで描く『イッセー尾形の都市近郊白書』を制作したり、浦和NHKのスタジオを地域住民に開放したり、地域社会との文化交流の障壁を壊す仕事をしました。パイオニアと言われましたけれど、そもそも浦和局長になったこと自体がNHK初の女性局長だったのです。

ひとみ　地方局とは言っても、スタジオの解放なんて問題視されないのですか？

永井　局長は一応トップですから出来ます。しかし、予算は本部なので、地域の人たちに親しまれるための『放送局のオープン化事業』として提案、『事業体も一つの市民』という言い方で理事を説得しました。その後、本局へ戻って九三年に解説主幹になったのです。その年、フランスのアヴィニヨン・フェスティバルが『日本年』で日本の舞台芸術が複数、招待されました。あの、灼熱の石切り場で『新作能』が上演されることになり、私もアビニヨンで番組を放送しました。竹で設えた舞台美術が熱で見る間に茶色になるほどの暑さでしたが、欧州のアーチストたちがこぞって観にきました。世界の人々が良く知っている戯曲を日本の伝統芸能の手法で演じるという手法が関心を集めたのが印象的でした。

そして忘れもしない阪神淡路大震災の年、五十七歳で退職しました。そうしたら《世田谷文化生活情報センター》の館長にならないかという声が掛かったのです。センターのパブリックシアター芸術監督になる予定の佐藤信さんの推薦だったのです。

ひとみ　佐藤信さんはアングラ演劇で活躍していた作家・演出家ですよね？

永井　佐藤さんには番組でインタビューさせて貰っていました。作家であり、演出家で頭脳明晰、土の匂いのするアーチストだと思います。そこから劇場に関わることになります。

ひとみ　女優としてはわくわくします。詳しくお話し下さい。

四　NHK退社後の本格的な文化政策活動

永井　世田谷文化生活情報センターは《公益財団法人せたがや文化財団》の下部組織で、三軒茶屋のキャロット・タワーの中にあります。世田谷パブリックシアターを使って、現在の問題を描く同時代演劇の創造とか現代舞踏の新しい創造とか、舞台芸術問題を考えるイベントなどを目指すだけでなく、三階にある生活工房を使って参加型の生活文化実践を目指す組織です。私はＮＨＫ時代から、経済学者ケインズの『芸術の国をどう耕すか』というテーマの実践を目指してきましたから、この組織の目指すところと同じだと思って、館長を引き受けました。佐藤信さんは五年半芸術監督をされて、次の芸術監督は誰にするか考えました。実はアビニヨン・フェスティバルで新作能を舞ったのは野村萬斎でした。この時、世界によく知られる、例えばシェイクスピアを伝統芸能の手法で演出したら面白いのではないか、と思ったのですね。しかも、萬斎さんは英国に文化庁から在外研修生として派遣もされ、欧米演劇についても知見があります。そこで世田谷区に提案したところ、賛同を得ました。

ひとみ　古典芸能の人ですよね。佐藤信さんから野村萬斎さんへ。思い切ったというか意外な人選ですね。

永井　日本の演劇原点の一つは狂言ですから、中国が京劇から学ぶように、日本なら狂言から学ばなければと思っていましたし、古典芸能は国際的に発信力がある。パブリックシアター芸術監督にいいのではないかと思いました。当人はびっくりされていましたが。

ひとみ　なるほど納得です。でも財団のようなところは難しいのじゃないでしょうか？

永井　人事はどこでもセンシティブですが、萬斎さんは伝統芸能の方ということで、礼儀正しいし、安心感があったようです。しかも、人気者ですから。

ひとみ　分かりました。永井さんの館長時代、九年間の公演やイベントに関してお聞きするのは別の機会にしまして、今回はその後の履歴に関してお聞きします。

永井　どうぞ。

ひとみ　二〇〇五年に、突然NHKの副会長になられましたね。これも女性初だそうですが、どういう経緯でそうなったのでしょうか？

永井　NHKでは経営委員会が会長を選び、その会長が副会長を選ぶ習わしになっていたのですが、この時は橋本元一会長とセットで決められたのです。直前の海老沢会長の時、問題が起き、途中退陣したので通常とは違うかたちで決められたのです。

ひとみ　三年後、再び世田谷文化生活情報センターにお戻りになりましたね。

永井　その時はせたがや文化財団の副理事長で迎えてくれました。二〇一三年には理事長になって現在に至っています。

ひとみ　凄いですね。八十歳を過ぎてるとは思えない存在です。大変な立場になられても変わらないその若さとエネルギーはどこからくるのでしょうか？

永井　まあ、何でしょうね。私は立場立場でその責任は果たさなければと思いますし、努力はしましたが、アナウンサー時代から立場に関係なく『文化は人々に生きる喜びと安らぎを与えてくれる』と思い続けて、そのために今することは何かと考えながら生きてきました。それがエネルギー源になり、若さなのではないでしょうか。

ひとみ　そうですか。何かを思い続けることですね。私も考えてみます。

高畠コメント
インタビューを終わった後の雑談で、最初の館長時代の活動に関して思い付くまま話してくれた。私も知っている演出家や俳優の名前が次々に出てきた。海外の演劇事情や交流イベントの話も弾んだ。私も数年前、地下にある多目的ホールで日韓演劇交流のパフォーマンスを観たことがある。映像と朗読劇で訴える両国の現代演劇事情だった。こういうイベントに会場を提供するだけでなく積極的に協力するせたがや文化財団に敬意を表したいと思った。そのイベントの案内状を送ってくれたのは私の良く知っている女優で、朗読で出演していた。永井さんは既に理事長だったが、忙しいだろうからわざわざ会うこともないかと思って帰ったことを思い出した。

五　結婚と育児と仕事、そして魅力的に生きて貫いたい人たちへ

ひとみ　改めてお聞きしますが、結婚してお子さんもいらっしゃるのですね？

永井　そうよ。

ひとみ　私は三十一歳で結婚もしていませんから、結婚や子どものことを一番お聞きしたいのです。

永井　私も結婚したのは三十代ですよ。

ひとみ　結婚を決めた理由は何でしょうか？

永井　主人はイタリアの大学で建築を学んだのですが、その留学中に演劇を良く観ていたそうです。だから会うと演劇の話で盛り上がったのよ。結婚は趣味が合うのが一番良いんじゃないかな。仕事

が一緒だと話題が広がらないし、一つ間違うとぶつかっちゃうじゃない。家庭で寛げないのじゃないかな。
ひとみ　分かるような気がします。でも恋愛中は仕事の相談が出来て良かったって思う気がするのです。
永井　あなたの恋愛経験ね？
ひとみ　あッ、今日は私がインタビューされる立場じゃありませんから。あの、出産のことをお聞きします。計画的に考えられたのでしょうか？
永井　出来たから産んだのよ。
ひとみ　永井さんの場合、自分でなければ出来ないという仕事で忙しいのに、子どもが出来たらどうなるのだろう？　ストレス解消のために飲みに行ったりも出来ないし、とか悩みませんでした？
永井　子どもは欲しいと思っていたし、出来た以上は産んで育てる覚悟はしましたよ。私はどんな場合でも切り替えが早いのです。最初が女の子で、次が男の子。一姫二太郎って言うからもう一人男の子が産まれるのもいいなあと思ったけれど、二人で終わった。
ひとみ　育てながらの仕事は大変じゃないですか？
永井　仕事で女性問題も調べていましたから、当時でも保育ママさん制度があることも知っていました。朝に預けて、夜の七、八時までＯＫなので、利用させて貰いました。今はアナウンサーも産休を取って二年後に復帰したり出来ますが、当時は長期産休を取りたいなんて言うとやんわり辞職を勧められましたからね。
ひとみ　そんな空気の中で両立させていくのは辛いですね。
永井　そうね。体力気力的に参ったこともありました。雨の夜なんか、暗い中を乳母車を押して迎えに行ったときなんか、辛かった。でもね、子どもの顔を見ると元気になった。産む前は考えてもいなかったけれど、子どもに助けられたのよ。
ひとみ　そうですか、そうかも知れませんね。雨の中を乳母車に子どもを乗せてなんて考えるだけで辛いです。車はお使いにならなかったのですか？
永井　アナウンサーの場合、事故でも起こしたら放送に迷惑を掛けますからね、免許を取らなかったのよ。二人目が出来るともっと大変だったけれど、夫が協力的だったので助かった。夫は食べることに関心があったから食事では助けられたわね。ただ、夫が外国に行ってるときは大変。上の子が泣き叫んでも放っておくしかなかったこともあった。その後、子どもたちも成長して、あまり手が掛からない子だったから助かったわ。でも、娘が結婚して孫が出来てから言うのよ。ママに言いたいこと言わなかったのは言えるような雰囲気じゃなかったってね。それに、ママには欲しい物を買って貰えなかったから、自分の子どもには買って上げているって言うのよ。そう言われて気が付いている状態。こうして考えてみると、仕事が生きる支えだったけれど、子どもも同じくらい支えになっていたのね。
ひとみ　そういう親子は素敵です。私もそういう親子関係を作りたいです。

永井　そうね。でもあんまり考え込まないこと。その時その時精一杯生きていればそうなると信じるしかないのよ。キーワードは『愛』かな。

ひとみ　分かりました。最後に女性問題に取り組んで来られた永井さんから若い女性たちへ、何かメッセージをいただけませんでしょうか。

永井　一、仕事は生きる術《すべ》だと思うこと。二、専門性のある仕事を身につけること。三、文化・芸術にたいする関心を持つこと。一は、人は食べて寝る以外に何か仕事をして生きるもの。二は、退職後も出来る仕事が見つかる可能性があるし、ボランティアかも知れないが人に喜んで貰えるかも知れない。そして三は、人間性を豊かにしてくれるので、人間関係も含めて素晴らしい生き方に繋がると思います。

ひとみ　その言葉、噛みしめて生きて行きます。ありがとうございました。

インタビューを終えて

インタビューが終わって帰りがけに永井さんは、あまり使えないと思ったらボツにして良いのよと言った。皮肉でも意地悪でもなく、私の気持ちを楽にしてくれる言葉だと表情から解かった。インタビューの録音を聞いて、聞き洩らしたことや確認したいことがあったので、後日『せたがや文化財団』理事長室をお訪ねした。事務局フロアでは数十人が仕事をしている。演劇、舞踏、生活文化の財団としては予想以上の規模だと思いながら理事長室に入った。

今回のインタビューとインターネットで調べて判ったことは、アナウンサーから解説委員、浦和局長、解説主幹、全て女性としてはNHK初だったということ、世田谷文化生活情報センター館長になり、八年後にNHK副会長になったがこれも女性初だったということなどであった。副会長の後、世田谷文化生活情報センターを運営する『せたがや文化財団』の副理事長になり、二〇一三年からは理事長になっている。その間、中央教育審議会や社会保障審議会の委員、文化経済学会の理事、稲盛財団《京都賞》映画演劇部門選定委員長、学校法人国立学園理事も務めている。二〇〇二年には、メディアと文化を通じての交流に対しフランスの《芸術文化勲章・オフィシェ》も叙勲している。それなのに気取りが無く自然体だ。自分のためではなく、人々のため社会のために働く。それが文化をキーワードにした精神だと思うので、永井さんは正しく文化的な生き方をしていることが見えてきた。

今年のNHK大河ドラマの主人公渋沢栄一は明治時代に日本経済界の基礎を創った人物で第一国立銀行(戦後は第一銀行、第一勧業銀行、現在はみずほ銀行)をはじめ創立した企業は数百を超える。ところが渋沢栄一は軌道に乗ると人に譲り、自分のものにしようとしない。財閥を創ろうとしなかったのだ。そこに文化的な心を感じて、私は渋沢栄一を敬愛している。ここでなぜ渋沢栄一の話をしたかというと、永井さんは祖父の時代に渋沢一族と縁があったらしいという話を聞いていたからだ。渋沢家から母に七五三の祝いの品が届いたりしていたという。それに、祖父は渋沢栄一が創業した第一国立銀行の役員だったともおっしゃる。最近、渋沢栄一の考え方を書いた『算盤と論語』

という本が話題になっているが、その教えるところは経済と人間的生き方のバランスだ。そう考えると永井さんが文化や教育や女性問題を追及して、時には国や組織と闘いながらも定年までＮＨＫに勤め、転職後も経済バランスを考えながら文化政策を進めている。どうやらこれも渋沢栄一的考えであり、生き方だ。

「やはり渋沢栄一のＤＮＡが貴女にも伝わっているのですね」

「直系ではないですよ。でも、娘さんはいっぱいいたみたいね。奥さんだってたくさんいたらしいから」

「会社もたくさんつくったけれど、子どももたくさんつくったんだ」と私が言う。

永井さんは笑みを湛えて、私の悪い冗談を聞いてくれた。この大きな包容力と心が永井さんの魅力だと改めて感じた。

永井多恵子プロフィール　（二〇二一年五月現在）

一九三八年一月東京生まれ。一九五六年／早稲田大学文学部フランス文学科入学。早稲田大学演劇研究会入団。一九六〇年／ＮＨＫアナウンス部入局。以後二十年間、田中角栄首相や三島由紀夫へのインタビューや番組企画、ニュース・ショーのキャスター。札幌オリンピック中継放送などで活躍。一九八〇年／解説委員になる。以後、芸術、文化、教育、働く女性などを中心にニュース解説。単に解説だけでなく文化、教育、働く女性問題の番組制作。一九九〇年／浦和（現さいたま）局長就任。地域市民と繋がって何が出来るかを考える番組制作やスタジオを住民に開放するなどに挑戦。一九九三年／解説委員主幹。

一九九七年／ＮＨＫ退職。世田谷文化生活情報センター館長就任。以後、数々の演劇、現代舞踏の新しい試みの舞台、演劇や舞踏をテーマにしたイベントやシンポジューム、生活文化の展示や参加型教室などを実現。

二〇〇五年／ＮＨＫ副会長就任。

二〇〇八年／公益財団法人せたがや文化財団・副理事就任。二〇一〇年／公益社団法人世界演劇協会・日本センター長。

二〇一三年／公益財団法人せたがや文化財団・理事長就任。演劇制作スタッフの職員化を行う。（日本の演劇制作スタッフは労働条件に恵まれず、社員でない場合が多い。）

二〇二一年五月現在理事長及び日本センター長を継続中。

二　中川裕季子さんのこと

一九六二年四月、私は東宝株式会社文芸部企画課に入社したが、その年に東宝のオーディションに受かって入って来たのが中川裕季子さんだった。芸名は中川ゆき、高校二年生になったばかりの十六歳だった。山手線の駅の近くには必ずあると言われた《中川三郎ダンススタジオ》の経営者でありダンス界の第一人者だった中川三郎氏の三女で、長女の弘子さんは松竹の女優、次女の姿子さんは日活からデビューして、歌手でもあった。その年、裕季子さんは映画『六本木心中』の主役でデビューした。相手役は十七歳の峰健二、その後峰岸龍之介、峰岸徹と名前を変えて活躍した。

文芸部企画課はプロデューサーへの第一歩で、映画の企画を考え、シナリオを作ることが仕事だった。従って脚本家とは密接だったが、監督や俳優とは深くコミュニケートする機会は少なかったから、裕季子さんと最初にお会いしたのがいつだったか忘れたが、今でも覚えているのは、主演映画の撮影が終わった後で、季節は夏だった。彼女が十七歳、私が二十三歳、渋谷のユーハイムという喫茶店で待ち合わせて彼女の運転する車で大田区にあった中川三郎邸に伺ったことだ。豪邸で庭も広く、プールもあった。プールで泳ごうという約束だったかどうか忘れたが水着も用意していた。東宝宣伝部から電話で彼女にインタビューの仕事が入った。二時間位で帰って来るから泳いでいてと言われて、彼女の部屋で着替えて泳いで待った。他の家族は誰も居ないし、夕暮れになったが彼女は帰って来ないので、彼女の部屋で着替えた。そこへ、仕事が終わった父上の中川三郎氏と母上が帰宅されて、娘の部屋から出て来た私と顔を合わせてしまった。事情を説明してトラブルになることもなかったが、落ち着いたご両親の態度に大した人たちだと感心したことを覚えている。今回、インタビューすることになって、その話をしたら「私は後で怒られたわ」と少女のような愛すべき笑顔になった。少女の心と茶目っ気を七十代になっても持ち続けている。そこにこの人の魅力があると感じて、私も笑顔になった。

その後、彼女は女優で数々の映画に出演、アメリカのブロードウエイへ短期留学、帰国して結婚したことは聞いていたがあまり交流はなかった。ただ、私は長女の弘子さんとは繋がっていたので、裕季子さんとも細い糸で繋がっていて、一九九七年の中川裕季子ダンスデビュー五十周年記念ミュージカルに協力した。公演本番をカメラで録画してテレビ放送することとビデオ作品に残すことだった。四台のカメラを使って録画しながらスイッチで切り替えて一本の完成作品にする。映画人の私としては初めて同時録画&編集というテレビ的演出をした。その時彼女は五十二歳。こんな若い五十周年はギネスブックものだと思った。その後も、時々ダンスイベントに招かれたがこの十数年はご無沙汰していた。
　去年の私の芝居で新人女優がモダンダンスを踊る場面があって、その指導にインストラクターを紹介してほしいとお願いするためにお会いした。長いブランクを感じない空気で会話が弾んだ。後日、新人女優を連れてスタジオでお会いすると、新人がどの位動けるか、音楽を掛けて踊って見せて、同じように新人に躍らせるテストだったが、七十歳を過ぎたとは思えない体の動きには凄いの一言しか言えない。彼女は未だに現役だと思った。派遣してくれたインストラクターのヤマザキマリさんは指導だけでなくオリジナル発想の振付もしてくれた。その上公演日の三日間、六回公演全ての受付も手伝ってくれた。スキルだけでなく心も豊かなスタッフが周りにいるのは中川裕季子さんの魅力と人間力で、素晴らしいグループだと感じた。
（二〇二一年二月二十六日収録）

一　父親のこと、ダンス・デビューとファミリーバンド

田熊優衣（以後優衣）　初めまして田熊優衣と申します。上智大学一年、十九歳です。

中川裕季子（以後中川）　中川裕季子です。よろしくね。

優衣　お父さまの中川三郎さんはダンスの凄い方だったそうですが、今の人は知らないので、最初にお父さまのことを教えて下さいませんでしょうか？

中川　今年は生誕百四年になりますから今の人は知らないでしょう。父は大阪財界の重鎮の三男だ

から三郎、長男次男が幼くして亡くなったので家督を継ぐ立場、東大を目指していたのですが、慶應義塾大学付属高校に入ったのがダンスの道へ入るキッカケになりました。ダンスのクラブに入ってタップダンスに夢中になって、天性の才能があったのでしょうか、注目されて、とうとう貨物船に乗って四十五日間、ニューヨークへ行ったそうです。そこでダンスのレッスンを受けながら大学へも通い、ブロードウエイのオーディションも受かって舞台に立つようになったと聞いています。一九三〇年代の話ですよ。親が理解してくれたのと財力があったから出来たのでしょうね。

その後、帰国すると本場のニューヨークでダンス&ショービジネスに出演していた日本人青年として話題になり、松竹や東宝からも高額でオファーがあったそうです。仕事で会ったテイチクの新人歌手だった母を猛烈にアタック、結婚しました。母は二十歳でした。長女も生まれたのですが戦争になってしまったので、アメリカ帰りのダンスなんてやり難かったんじゃないかな。長男、次女と生まれて、三女の私は一九四五年終戦の直前に生まれました。食糧不足の時代ですから一八〇〇グラムの未熟児でよく無事に育ってくれたといわれました。戦争が終わると米軍が駐屯して、北は北海道から南は九州まで七十個所位ベースキャップがあったそうです。キャンプ内にはナイトクラブも、将校用、下士官用、兵士用とあって、いつも十人から二十人のビッグバンドが出演していました。ペレス・プラドやマリリン・モンロウも出演したのよ。父は英語が出来たしアメリカ兵が喜ぶ音楽やダンスショーを良く知っていたから将校たちに気に入られて、全国のベースキャンプを廻ったの。父は包帯を巻いた傷病兵には声を掛けて、出身地の歌を歌うんですよ。兵士たちは泣いて

インタビュー取材中の中川裕季子さんと田熊優衣さん

喜んで、拍手が止まらないんです。私は二歳、三歳で拍手を受けたから身体に沁み込んでいて、拍手されると身体が動くし、なんでもやろうと思っちゃうのよ。

優衣　二歳、三歳の裕季子さんも踊られたのですか？

中川　生まれたときから音楽と踊りの中にいたわけだから、歩くのと同じようにタップダンスを踊っていたのよ。だから二歳半でデビュー。

優衣　二歳半？

中川　そう。両親と一男三女で日本初のファミリーバンド《中川ツルーパース》を結成してね、バンド演奏とタップダンスとヴォーカルのパッケージ・ショーで全国を廻ったのよ。米軍キャンプにはいろいろな人種がいるし、子どもの私には世界旅行している気分なのよ。それから日本の劇場にも出演したわ。三歳で日劇（有楽町マリオンの前身である日本劇場）でタップダンスデビューしたし。バンドではドラムを叩いたの。

優衣　ドラム！

中川　ダンスもドラムもリズムだから、自然に身に付いているのよ。三歳の時に、タップダンスはこうするのよって大人の人に教えて可愛がられたの。その中には映画の大スターも居たって後で聞いたわ。

日本の占領時代が終わって、姉が中学生になったのでバンド活動は続けられないし、代わりを入れても家族チームのようには行かないし、《中川ツルーパース》は解散したの。その頃社交ダンスブームになって、父はダンスを教える事業を始めたし、姉たちは高校を卒業するかしないかで女優や歌手への道を歩き出したの。私も小学校、そして中学校へ通いながら踊りは続けていたわ。タップだけでなく、バレエもジャズダンスもフラメンコもタンゴもダンスというダンスは全部踊ったし、日本舞踊、アクロバットまでやったのよ。

優衣　凄い！　凄すぎます。

二　十六歳で映画デビュー、そしてニューヨーク留学

優衣　映画の世界へ入ったきっかけは何でしょうか？

中川　長女と次女が映画の世界に入って、私は自分の力で生きて行かなければという独立心が強いから、チャンスを待っていたのね。長女は松竹、次女は日活だったから、私は高校へ入ったのを切っ掛けに東宝を狙っていたの。当時の俳優は映画会社の専属だったからね。人生ってタイミングが

合う合わないってあるじゃない？　ちょうどその東宝で新人女優のオーディションがあったの。ラッキー！　流れは私にあるって思って応募して合格。『六本木心中』っていう映画の主役に抜擢されたのよ。

高畠コメント
当時の六本木は今のような賑やかな街ではなくひっそりとしていたが、洒落たレストランや専門料理店、粋な小料理屋とか寿司屋、バーやナイトクラブが目立たない場所にあったので遊び通の紳士と淑女、作家や映画人、テレビマンやミュージシャン、俳優たちが遊んでいた。金持ちのお嬢さんや息子たちがたまり場にするようなダンスも出来る店もあって、深夜にティーンエイジャーが遊んでいて《六本木族》と言われていた。その中に後に有名な女優や俳優になった若者たちもいた。加賀まりこ、峰岸徹もそんな若者の一人だった。

中川　私は俳優のレッスンなんて何も受けていなかったけれど、高校は芸能活動を理解してくれる学校だったから俳優の仕事に集中出来たの。私は自由が丘でお金持ちの子どもたちと遊んでいたけれど、六本木で遊んだことはなかった。相手役の峰健二は六本木族だったみたいよ。映画のラストは車ごと海へ飛び込んで心中するシーンだったから、車の免許試験も十六歳で受けて、十七才になったばかりで免許証を貰ったの。

優衣　免許って十八歳からではないのですか？

中川　当時は十六歳から取れたんじゃないかな。とにかく取れたのよ。実技は家の近くの多摩川の広場で兄に教わっていたから一発で合格、学科は一度落ちたけど、一夜漬けの猛勉強で二度目は合格。それでラスト・シーンの撮影も無事終了ってわけよ。それから二年、いろいろな映画に出演していろいろ学んだわ。戦争映画の撮影で百メートル位を何度も何度も走らされてね。女優の仕事は肉体労働だって思ったなあ。それから女優の生き方としてね、先輩女優から教わったことで忘れられないことがあるわ。浅丘ルリ子さんがね、撮影の時は朝四時、五時からお化粧するって言うの、お化粧で女優浅丘ルリ子を創るっていう意味だと思う。それから山田五十鈴さん。女優を続けるのなら結婚はしないことっておっしゃるの。今と違って、結婚すると女は家の仕事が増えるから女優は出来ない。女優っていう仕事はそんな甘いものじゃないと教えてくれたのだと思うの。

最初は大学も行きたいと思っていたし、時間を大切に使って勉強にも集中していたのよ。でも大学よりアメリカへ行って学びたいと考えるようになったのね。潜在的に父親の影響があったのかもね。そんな時にアカプルコ映画祭に東宝が行かせてくれることになって、映画祭の帰りにニューヨークへ行かせて下さい、その後は自分で帰りますって頼んだの。今のように自由に海外へ行ける時代じゃないし、父が留学するなら十代の方が良いと言っていたのでチャンスと思ったのよ。東宝が認めてくれて、ニューヨークにも東宝の支店があったので、私の面倒をみるように手配してくれたの。ブロードウエイのミュージカル俳優の養成所に入って、レッスンを受けたのよ。

優衣　会社がそんなに自由にさせてくれたのですか？　今では考えられないです。

中川　映画の全盛期だったし、東宝は余裕があったのね。ダンスは自信があったけれど、歌は基礎的な発声からレッスンを受けたし、英語もそんなに出来ないし、大変だったわよ。それにみんな体は大きいし声も大きいし、私は体は小さいでしょ。白人に追いつくものではない。一緒に舞台に出ても負けちゃう。世界一にはなれない。自分を知らなきゃって思って、帰国することにしたのよ。一緒に学んでいた学生仲間がお別れパーティーをしてくれて、私はそこでドラムを叩いたのよ。それが受けて乗りのり、みんなびっくりしてるのよ。そりゃ、私は三歳からドラムを叩いているんだからね。小さい時からドラムを叩いている子なんてそうはいないから、みんなびっくりしたのね。みんなが帰るなって言ってくれたんだけれど、私は決めたら即実行だから帰国したの。

優衣　女優に復帰でしょうか？

中川　女優を続けるかどうか考えてみたいと思ったし、今までの人生に一区切り付けたいとも思ったのね。十五歳位から付き合っていた彼と十九歳で婚約して、結婚したのよ。

優衣　えッ、結婚！　早い！

中川　そう。早かったわね。それからが大変だったのよ。

三　結婚、離婚、シングルマザー奮闘記

優衣　その大変な結婚生活についてお話しして下さいませんか？

中川　結婚で東宝を辞めたでしょ、契約の途中だったから契約金を返済することになったのよ。父に借りたくなかったので《ディスコティックゆき》を恵比寿にオープンしたのよ。日本初だったから話題になったし、自由が丘で遊んでいた頃の遊び仲間が協力してくれて毎晩何百人もやって来て、

一、二カ月で東宝へ返済したのよ。
優衣　凄いです。その後、ディスコブームになったみたいですけれど、先駆けですね。
中川　（笑って）そうね、私は何でも早く始めることになるのよ。
優衣　その後、結婚生活は？
中川　私は両親の結婚生活しか知らなかったので、結婚って助け合いながら仕事をするものと思っていたのよ。だから、ディスコだけでなく女優の仕事もダンスの仕事も、結婚して再スタートしようとしていたのよ。でもなんか違ってきたのね。山田五十鈴さんの『女優を続けるなら結婚はするな』っていう言葉を実感したわ。それで女優の仕事は中断したままだったけれど、ダンスの自己訓練は続けていたの。私の身体が勝手に動くのですものね。でもそれさえ何だかやり難くなってきたのよ。子どもも二人出来て、だんだん普通の家庭の主婦のような生活になって行くのね。私にしか出来ない仕事、私にしか出来ない生き方をしなくていいのかって考えたわ。夢も友だちも捨てて二人の娘を抱えて生きて、そのまま死んで終わるのか？　それとも夫と別れるのか。私は何も知らない自分に気が付いたのよ。これでは駄目だって思ったわ。
優衣　今でもそういう問題で悩んでいる女性がいるかもしれませんが、その当時なら家庭に入るのが当然だったのでしょう？
中川　そうよ。でも私の両親は違っていたし、もう一つ大問題があったのよ。今まで話したことはなかったけれど、話すわね。

優衣　緊張します。

中川　結婚した相手は自由が丘で遊んでいた頃から付き合っていた人で、戦後の復興で国の仕事も請け負っていた大きな土建会社の三男で、人が良くてお金もあったから悪い男たちが取り巻くようになったのよ。裏社会の男たちも多かったわ。こんな家に居てはいけない。別れなければと思って『私は一回死にます』って心に誓って、二人の娘を抱えて別れました。何も請求しないで別れたことで、全てを失ったと気が付きました。でも、何も無くなることは楽になることって感じたのよ。なんかさわやかな気持ちになったの。さあどうするか？　私には二人の娘がいる。まだ三十歳になっていませんでしたが、こんな私でも母親の強さがあったの。私に出来ることは体を動かすことしかない。踊ったら体と心のリハビリになったのよ。そうだ、私と同じように家庭生活で悩みを抱えて気持ちが落ち込むことで体調まで崩している主婦たちにダンスを勧めようと思った。ダンスは心身健康の素、私がそうなんだから嘘じゃないでしょ。二子玉川高島屋のスタジオ・スペースでレッスンを始めたら評判が良くて申し込みがどんどん増えて、青山三丁目のベルコモンズでも開いたのよ。久米宏さんの《オシャレ》っていう番組で取り上げられて生徒と一緒に取材してもらった。そうしたら申し込みが殺到してね、一クラス五、六十人が限度なのに、申し込みが百人を超えた。それでクラスを増やすことになったらまた増えたわ。

電通が企画して資生堂やデサントがスポンサーだった神宮球場のイベントにも出演したの。生徒の中から選んだ八十人に振付して仮設ステージで踊ったら、ＮＨＫのニュースでも取り上げられて、ジャズダンスのパイオニアとしてブームになって、また申し込みが増えて。最高の時は一日五クラスで週三十五クラス、二千人に教えたのよ。

優衣　凄い！　一人で教えたのですか？

中川　そう。帰宅して玄関で、何回か倒れたわ。目薬の最後の一滴を絞り出すように、最後のエネルギーを絞り出して仕事したのよ。

優衣　凄いです。凄すぎます。

中川　ジーパンとTシャツとレオタード五枚か七枚あれば良いのよ。三十歳から四十歳の十年間、当時のことを本にも書いたけれど、ただ夢中で働いた十年だったわね。

優衣　それは二人のお子さんのためでしょうか？

中川　それもあるけれど、私自身のためでもあるのよ。ダンスをしていると楽しくなって、嫌なことを忘れるの。ダンスは全身運動だから身体を健全にする。健全な身体に健全なハート、心のケアにもなるってレッスンで教えるのだけれど、教えることで私が健康を貰い、心のケアをしていたのね。

優衣　他人を救うことは自分を救うということでしょうか。

中川　そうよ。他人のためにすることが自分のためになるってことなのよ。

優衣　そうですね、そうですね。

四　ダンス・ショーの数々と素晴らしい人生

優衣　高畠さんが、中川裕季子さんのチャレンジ精神は凄いし、プロデューサーとしての才能はタダものじゃないよって言っていました。プロフィールを拝見すると四十代、五十代の活躍は華々しいですね。

中川　私はね、子どもの時から「神さまから命じられたとき、悪い事でなければ一生懸命やるしかない」と思ってやってきたのよ。神さまが悪い事を命じるわけがないんだから、考えが湧いたら、神さまの命令だって思ってチャレンジするしかないのよ。四十歳を越えて、娘たちが自分のことは自分で出来るようになったので、それまではアイデアはあっても出来なかったチーム作りやステージのプロデュースにチャレンジしたの。あらゆるジャンルのエンターテイナー集団《ザ・グレートダンサー》を結成してね、毎年数回のダンス公演をしたの。メルパルク・ホールのような千人以上収容する大きなホールでよ。

五十代になってからは今までのキャリアを活かしてね、タップダンス、ジャズダンス、ヒップホップ、ドラム、バンド演奏、歌などをボーダレスに組み合わせた《JUST SESSION》というステージ・ショウを六本木のコットンクラブで定期的に開催したの。五十二歳のときには、中川裕季子ダンス五十周年公演『That's Entertainment あるダンサーの物語』を構成&プロデュースして、メルパルク・ホールで上演したのよ。若手のミュージカル俳優と一五〇名のダンサーが出演するダンスミュージカル。振付はプロに育っていた教え子たち七名が出演も兼ねて一緒にやってくれたの。嬉しかったわ。水沢アキさんがナレーション。ゲスト出演も、日野皓正、弘田三枝子、渡辺裕之、加藤高道（狩人）、永村かおるのみなさん。あなたが生まれる前だから知らないでしょうけれど、ミュージシャンとして俳優として、個性的な才能のある人たち。四台のカメラで撮影して、エンターテインメント・チャンネルでの放送とヴィデオ化は高畠さんが引き受けてくれたのよ。弘田三枝子ちゃんは去年亡くなったけれど、今頃天国で歌っているわ。

優衣　なんだか楽しくなってきました。

中川　良かったわ。楽しくなって貰うのが私の仕事ですもの。

優衣　私も、他の人を楽しくさせる人間になりたいです。私はダンサーでもミュージシャンでもないですけど。

中川　職業じゃないのよ。人を楽しくさせる人間が素晴らしいの。私は欲張りだから、たくさんの人たちを楽しくさせたいと思って生きてきたけれど、家族、友だち、職場の人たち、恋人、たった一人でも良いから楽しくさせること、それが素晴らしいことだし道を開いてくれると思うのよ。

優衣　そうなんですねそうなんですね。

中川　さあ、もう少し私の活動の話をしますね。二〇〇四年に中川三郎スタジオをリニューアルオープンしてね、それまで以上に若手ダンサーの育成に力を入れたの。ダンサーが育つには実践が大切だから、実践の場を作ったのよ。六本木ヴェルファーレ、新宿シアターアップル、品川プリンスホテル・クラブeX、銀座博品館劇場などで、年に数回のショウをプロデュースしたのよ。朝から晩まで飛び廻っていたわ。

優衣　凄いエネルギー。とても五十代とは思えません。

中川　私は年齢なんて忘れているけど六十代になっても止まらないのよ。二〇〇九年には、ザ・プリンスパークタワー東京のMelodyLineで《BLACK DAIAMONDZ》ってネーミングされたショーを企画・演出・プロデュースして、定期的に開催したのよ。あらゆるジャンルのコラボレーション。私にとっても新たな挑戦だったわ。二〇一五年には博品館劇場で《ザッツ・プレゼンテーション》をプロデュース。何年に一度かは大きなエンターテインメント・ステージ・ショウを実現しないと居られないのね。コロナが終わったらまたチャレンジしたいと考えているわ。ダンス・ミュージカルなんかいいわね。

優衣　ぜひ実現して下さい。

中川　二〇一六年には水谷豊さんが初監督して主演した《TAP The LAST SHOW》でスーパーバイザーを務めたのよ。水谷豊さんが演じるタップダンサー役は父の中川三郎がモデルみたいなものだからね。翌年の二〇一七年には『中川三郎生誕一〇〇年／ザッツ・プレゼンテーション』を中目黒キンケロ劇場で開催してね。『リズミーハーツ』を集英社から発売したの。二〇一八年には『東京ボーイズコレクション』に参加したのよ。

優衣　えッ、日本武道館ですか？　あんな大きい会場で！
中川　一〇〇〇名のダンサーのコラボレーション『詩人と農夫』の演出をしたの。
優衣　ボーイズコレクションと詩人と農夫。不思議な組み合わせに感じます。
中川　農業の耕作を英語ではカルチャーっていうじゃない。ファッションも詩も文化だからカルチャー。創り出す人たちをテーマにしたダンスショウ。
優衣　そうなんですね、分りました。そういう柔軟な発想が素晴らしいですね。年齢なんて忘れているっておっしゃいましたが、年齢なんか関係なく魅力的だと思います。
中川　ありがとう。私はね、音楽とダンスは国も人種も世代も超えて繋がっていくと信じてやってきたの。そういう思いでプロデュースしてきたの。音楽やダンスで繋がった人たちは戦争なんかしないと信じているから、舞台を通して平和を訴えていきたいのよ。まだまだプロデュースしたいわ。
優衣　お願いします。

五　若い人たちに教えたいこと、魅力的な女性とは？

優衣　七十代でこんなにパワフルでイキイキとしていて魅力的な女性にお会い出来て嬉しいです。少し興奮しています。私のような若い女性に、魅力的な女性になるにはどうしたら良いか教えて下さい。

中川　魅力があるかないかは自分が決めることじゃないし、自分では分からないと思うから教えることなんて言われてもね。私が魅力的だと思って頂けるとしたら、私の生きて来た積み重ねの結果だと思うの。生きて行くふしめ節目で心掛けてきたことは語れるし、一緒に考えることは出来るけれど、教えることはないわね。

優衣　中川裕季子さんが心掛けてきたことを聞かせて頂ければ良いので、お願いします。

中川　そうねぇ、私は感覚的な人間だから、参考になるかどうか分からないけれど、話してみます。

優衣　お願いします。

中川　人生いろいろあるし、どっちを選ぼうかって悩むことが多いでしょ。

優衣　はい。そうです。

中川　結婚の時だって、結婚を選ぶか女優を選ぶか大変な選択だったし、離婚の時も、小さい子ども二人抱えてシングルマザーでやって行けるのか、不満はあっても無難な安定を選ぶのか？　そういう時、私はいつも未知な方を選ぶのよ。離婚ならシングルマザーの方が未知の世界よね。未知な方は冒険で危険性は高いし失敗して地獄に落ちるかも知れないわよ。でも、自分でも知らなかったことに気が付いて新たな可能性を発見するかも知れないじゃない。私はいつも未知なる方を選んできたの。冒険だから緊張する。その緊張感が人間をイキイキさせるのかと思うの。

優衣　中川裕季子さんは特別な才能と訓練をなさっていらっしゃる方ですから、普通のケースと違うのではありませんか？

中川　そうかなあ。人は誰でも、その人に与えられた才能とか能力があると思うのよ。家族を含めた周りの評価はどうか、社会的評価はどうかで自分の道を選ぶのではなく、自分にふさわしい生き方を選んで自分の能力を生かして生きて行くことが、その人を魅力的にしていくのではないかと思いますよ。

優衣　私はまだ、自分の才能とか能力を探しているプロセスだと思います。

中川　そのために大学で学ぶのだし、社会へ出てから学ぶこともあるし、結婚したり子どもを持ってからも自分の能力や力を発見することだってあるのよ。常に前向きに、いつだって新しいスタートは出来ると思って生きて行きたいわね。私はそう思って生きてきました。それしかないですもの。それからね、機会があったら何でもチャレンジすることにしているの。上手く行っても行かなくても、学ぶことがあると思うの。何でも後で役に立つわ。

優衣　そうかも知れませんね。積極的に生きなければ、ですね。十九歳の私が、七十代の大先輩に前向きな力を頂きました。嬉しいです。ありがとうございました。

インタビューを終えて

私は中川裕季子さんの笑顔以外は見たことがない。仕事の話をしているときでも笑みを絶やさず、明るいのだ。それでいてこちらの話したことは的確に掴んで、自分の考えや問題点をいつの間にか伝えてくれる。だからこの人に相談して良かったと思い、この人から頼まれたら出来る限り努力しようと思ってしまうのだ。不思議な魅力だ。

今回のインタビューで、離婚とその後の小さい子ども二人を抱えての奮闘ぶりは初めて知ったが、あの笑顔と前向きな明るさで頑張ったに違いない。それにしても裕季子さんのその力はどこから来るのだろう？　インタビューで裕季子さんは答えてくれた。「神さまの命令だって思ってチャレンジするしかない」と。私は思いがけない不運や困難が起きたときには「天は私の力を信じて試している。乗り越えることで飛躍する」と考えて堪え、乗り越えてきた。この精神は裕季子さんと共通すると感じて嬉しくなった。

裕季子さんの娘さんに一度だけお会いしたことがある。しっかりと話し合うような会い方ではなかったが、芸能人の娘ではなく、離婚した母親の娘でもない。安定した理想的な家庭で育ったお嬢さんという印象で、裕季子さんのイメージとは違っていた。今回のインタビューで、倒れる直前まで奮闘して育てたと知って、裕季子さんの新しい面を発見したような驚きだった。どうしたらあんなに素晴らしいお嬢さんを育てられるのだろうか？　「神さまの命令で育てただけよ」とおっしゃるかも知れない。

裕季子さんは再婚され、「幸せな結婚よ」とおっしゃっている。娘さんは結婚して、裕季子さんから「孫と遊んでいます」とメールを貰ったことがあるので、今回お会いして「孫は小学生？」とお聞きしたら「中学生よ」という返事。月日の流れの速さを改めて感じるとともに、変わらない裕季子さんの魅力に嬉しくなった。

後日、原稿をチェックして貰うためにお会いして、娘さんの話をすると「苦労して育てたことを娘には見せなかったから、のほほんと育って良い面はあるけれど、私の生き方を解っていない面もあるわね」と悪戯っ子のような笑みを浮かべる。少女のような可愛さがあった。


中川裕季子プロフィール（二〇二一年五月現在）

中川三郎スタジオ代表（一般社団法人中川三郎スタジオ）

一九四五年／日本ダンス界の第一人者中川三郎の三女として生まれ、タップダンサーとして三才で日劇初舞台を踏む。日本初のファミリー・バンド《中川ツルーパース》を結成、バンド演奏とタップダンス&ヴォーカルのパッケージ・ショウで全国巡演。三歳でドラムを叩く。

一九六二年／東宝映画『六本木心中』で女優デビュー。各新人賞を受賞。その後渡米、ブロードウエイでミュージカル及びエンターティナーとしての勉強に励む。帰国後、恵比寿に日本初の《ディスコテックゆき》をオープンして話題を呼び七〇年代のディスコ・ブームの先駆けになる。

一九七二年／ジャズダンスのレッスンを始める。ジャズダンスパイオニアとしてブームになり一週間に二〇〇〇人の生徒を指導。

一九八七年／あらゆるジャンルのエンターテイナー集団《ザ・グレートダンサー》を結成。以後、毎年数回の公演をメルパルクホールなどで行う。

一九九七年／中川裕季子ダンス五〇周年公演『Thats Entertainment あるダンサーの物語』を日野皓正、弘田三枝子などをゲストに迎え、ダンサー一五〇人出演で上演。

二〇〇一年／六本木のコットンクラブでステージ・ショウ『JUST SESSION』を定期的に開催。今までのキャリアを活かしてタップ、ジャズ、ヒップホップ、ドラム、歌、バンド演奏などをボーダレスに組み合わせたステージ・ショウ。

二〇〇四年／中川三郎スタジオをリニューアルオープン。若手ダンサーの育成に当たる。同時に、六本木ヴェルファーレ、新宿シアターアップル、銀座博品館劇場、品川プリンスホテル・クラブ eX などで年に数回のショウをプロデュース。

二〇〇九年／ザ・プリンスパークタワー東京 MelodyLine にて『BLACK DAIAMONDZ』というあらゆるジャンルのコラボ

SHOWを企画・演出・プロデュース。定期的に開催して新たな挑戦を始める。

二〇一五年／銀座博品館劇場にて『ザッツ・プレゼンテーション』開催。

二〇一六年／水谷豊初監督・主演『TAP The LAST SHOW』(中川三郎生誕一〇〇年記念)タップダンス・スーパーバイザー。

二〇一七年／中川三郎生誕一〇〇年『ザッツ・プレゼンテーション』を中目黒キンケロ劇場で開催。同時に『リズミーハーツ』を集英社より発売する。

二〇一八年／日本武道館にて『東京ボーイズコレクション』に参加。一〇〇名のダンサーのコラボレーション『詩人と農夫』を演出。

二〇二一年／七月二十四日(土)、二十五日(日)、銀座博品館劇場にてダンスショウ『Ex Change Again』を公演。

三　吉田幸子さんのこと

二〇二〇年十一月、私の《スタジオQ》はチェーホフの名作『かもめ』を現在の秋田を舞台に翻案、題名『端縫いのクニマス』を上演した。秋田県南部、羽後町の無形文化財《西馬音内盆踊り》を取り入れたので、指導や出演協力が出来る方で、東京にお住いの方の紹介を頼み、町役場がこの人なら安心ですということで紹介されたのが吉田幸子さんだった。私は吉田幸子さんに、踊り手として五、六人の出演者が必要なことと女優に踊りを教えてほしいことをお願いした。デザイン会社の経理の仕事をしているが時間的には対応できること、踊り手と言っても仕事を持っているので舞台稽古から本番の四日間、同じ踊り手を揃えることは不可能なことなど、ゆったりとした雰囲気で的確に提示してくれた。それにしても経理をしているというのが意外な雰囲気の人だった。

吉田幸子さんは女優に踊りを教えるだけでなく、芝居のどういう流れの中で盆踊りが登場するのかを理解して対応してくれた。大変な仕事や難しい問題もいつの間にかやり遂げて解決してしまう。

私は、こういう人が居れば会社も家庭も上手く行くと思っていたので、吉田幸子さんは会社も家庭も幸せにする人だろうなと感じた。本番の二週間前から稽古に来て頂くようになって、前年（二〇一九年）、ご主人が二年間の闘病後亡くなったことを知った。それなのに、とてもおおらかに対応していただいたことに感謝した。

稽古、そして本番と吉田幸子さんの踊りを見て驚いた。踊る吉田幸子さんは色っぽいのだ。色っぽいというと男目線で女を見ていて嫌らしいと誤解する方が多いので、ちょっと説明させて頂きたい。女だけでなく男の色気も、見掛けや知識や地位や経済力ではなく、感性や心の豊かさを持っている人から自然に溢れてくるものだと思っている。色気を売り物にしていると思われたら途端に色気は下品になり、私の言う色気や色っぽさとは違うものになる。だから、私が吉田幸子さんを色っぽいと言ったのは感性や心の豊かさを感じて惹きつけられたということであり、魅力的な女性の大きな要素であると理解してもらいたい。西馬音内盆踊り自体が女や男の色気が重要な要素であり、人間の本質だから七百年以上続いて今も支持されているのだと思った。その踊りの名手であり伝える人として地元も認めている吉田幸子さんは人間的な一面である本質的な色っぽさの持ち主なのだと感じた。

そういう魅力的な吉田幸子さんにインタビューを受けていただきたいと相談したら、

「私は普通の人ですよ。私なんかでいいのですか？」とおっしゃった。

「普通で良いのです。普通と思われている女性が持っている魅力、それが社会を変える力になると思うのです。魅力的な普通の女性としてお願いします」ということでお受けいただいた。
ゆったりとしていながらイキイキとした行動力、それはどこから来るのか？　普通の人の普通でない力を感じた。このインタビューを終わって、私がなぜ吉田幸子さんを魅力的な女性だと感じたのか分かってきた。本人は「自分は普通」と思っている女性が持っている魅力を改めて感じ、その魅力がどこから来るのか分かったインタビューになった。
インタビュアーは芝居公演で吉田さんに西馬音内盆踊りを教えていただいた大林ちえりに引き受けて貰った。新体操の選手だっただけにリズム感も身体条件も踊り向きだったはずだが、それでも西馬音内盆踊りは難しかったという。どんなインタビューになるのか楽しみだ。

（二〇二一年三月五日収録）

一　西馬音内盆踊りのこと

大林ちえり（以後ちえり）　今日、お会いできてうれしいです。お芝居の時はありがとうございました。教えるの大変だったたと思います。

吉田幸子（以後吉田）　難しい踊りですからね。でも短期間で、よく覚えてくれました。

ちえり　西馬音内盆踊りは日本三大盆踊りで、無形文化財に指定されていますね。

吉田　盆踊りでは指定された第一号です。秋田県羽後町の町役場もある中心地の地名が西馬音内って言うんですが、その地域に七〜八百年前から伝わっていると言われています。言い伝えはあるんですけど文献は何も残っていないのです。八月十六～十八日の三日間、五穀豊穣を祈る踊りと、西馬音内城主を偲んで行われた盆踊りが合流して今に至るのです。衣装も《端縫い衣装》と《藍染め浴衣》を着ます。

ちえり　舞台で吉田さんがお持ちの衣装をお借りしましたし、出演いただいたみなさんも端縫いや藍染の衣装を着ていましたけれど、代々受け継いできたものなのですか？

吉田　記念館に展示されているものは江戸時代から伝わるものもありますが、踊ると汗をかきますし洗えないので、せいぜい二代か三代で使えなくなります。私が持っている端縫いも叔母が亡くなった時に、自分の娘は踊らないので私にということで頂いたものです。私の後は、娘は踊らなかったので、踊りの教え子に渡すのかなと考えていたのですよ。

ちえり　えッ、娘さん、私たちの舞台に出演して踊ってくれたじゃないですか。

吉田　子どもの時はお盆に里帰りした時に踊っていたんです。でも、中学に行くようになって踊らなくなって、大学に入ったら踊るとは言っていたんだけれど、なかなか踊らなくて、でもやっと始めたら熱心に踊るようになって、里帰りして踊ったのです。実家は三代続いた呉服屋で兄が継いでいるんですが、会場が目の前で、二階から見れるんです。娘が踊るのを兄たちと見ていて、ハラハラと涙がこぼれてきました。

ちえり　吉田幸子さんの踊りに掛ける思いが伝わってきます。

インタビュー取材中の吉田幸子さんと大林ちえりさん

吉田　親から子へ、子から孫へ、こうして伝統は伝わっていくのかと感じて泣いちゃったのです。兄も涙ぐんでいましたから、西馬音内の人たちの踊りに対する思いと、伝えて行かなければという思いは強いんですよ。その思いが時代を越え、世代を越えて、今へ伝えてきたんだと思いますし、伝えていかなければと思うんです。

ちえり　民族文化を町の人がそういう思いで大切にしていることって、素晴らしいですね。

吉田　そうですね。

ちえり　それにしても、実家の二階から目の前に見られるなんて凄いですね。

吉田　篝火が焚かれ、櫓で囃子と歌が演奏される頃には踊りたくてウキウキしてきます。七時半から八時半までは子どもたちが踊り、大人も踊りますけれど、九時から夜更けまでは、端縫い衣装や藍染浴衣に編み笠やひこさ頭巾で本格的に踊るんです。

ちえり　編み笠もひこさ頭巾も顔を隠すためですか？　黒い布を顔の前に垂らすひこさ頭巾にはびっくりしました。

吉田　子どもたちは顔を隠さないで踊ります。九時からは全員隠します。顔を隠すことで心は自由になる効果があって大胆に踊れるのです。黒いひこさ頭巾は亡者踊りとも言われる西馬音内盆踊りにはピッタリですよね。

ちえり　がんけの節回しには哀調がありますね。

吉田　秋田弁だからちえりさんは分からないと思うけど、歌詞にも哀調があるんです。

ちえり　それで暗闇の中で接近して、周りに気付かれずに闇に消える男と女がいるって、プロデューサーの高畠さんが言ってました。

吉田　♪踊る姿に一目で惚れた♪っていう歌詞もあるくらいですから、戦前はそんなこともあったのかも知れませんけど、顔を隠していても踊り方で判りますからね。狭い町ですし、今はありませんよ。男性も惚れ惚れするような踊り手もいますけれど、踊り終わって頭巾を取ったら老人で、おややややってなることもありましたね。夜が更けてくると音頭の歌詞も際どくエロチックになって、秋田弁だから地元の人しか解りませんが、みんな笑って楽しんでいます。

高畠コメント（羽後町パンフレットより）

国指定重要無形民俗文化財《西馬音内盆踊り》のお囃子には「よせ太鼓」「音頭」「とり音頭」「がんけ」の四種類がある。楽器編成は大太鼓、小太鼓、鼓、鉦（スリガネ）は各一名、笛と三味線は複数で奏されて、地口または甚句の唄い手が加わり、世間世事を風刺したもの、野趣と抒情溢れるもの、楽天的で農民特有の素朴なエロティシズムを匂わせたものなど、多彩な歌詞で踊りを盛り上げる。囃子方は中央の踊りの輪の外に特設された櫓で夜半まで奏される。賑やかで野性的な囃子に対し、優雅で流れるような上方風の美しい踊りの対照が《西馬音内盆踊り》の特長になっている。

二　実家のこと、武蔵野美術短期大学から広告デザイン会社に就職

ちえり　実家のことや子ども時代のことをお話しください。

吉田　西馬音内は何百年と続いている家が多くて、わが家は三代前からですから、まだ新しい家柄なんです。祖父が染物屋を始めて、婿養子で入った父が二代目、兄が三代目なんです。染物と呉服を今も商っています。羽後町の子どもたちは早ければ高校から、遅くても高校を卒業したら家を出ることが多いのです。大学へ行くとか働きに出るとか、一度は一人暮らしをする人が多いのです。

ちえり　女の子もですか？

吉田　我が家の場合、食事から掃除洗濯お金の使い方まで、一人で生きて行くことを学ばせるために親は子どもに一人暮らしをさせたのだと思います。私は四人兄弟の一番下、兄、姉、兄、私です。兄も姉も高校出たら東京の大学へ行きましたし、私もそうするものだと思っていました。また踊りの話になりますけど、母の妹の叔母が踊りが好きで、名手で、さっき話した端縫い衣装、叔母のた

めに兄が作ったのです。でも叔母は二人の娘には、私の従兄弟ですけど、踊らせないのです。

ちえり　どうしてですか？

吉田　叔母は隣町へお嫁に行ったのですが、西馬音内盆踊りは西馬音内生まれの者だけが踊るものだって言って、娘たちには踊らせなかったのです。私の母はそんなこだわりが無くて、踊りたい人はどんどん踊れば良いという考えで、姉妹だけれど違うのね。そんな叔母が亡くなり、叔母の意思で端縫い衣装は私が頂いたの。

ちえり　幸子さんの踊りを見て、引き継ぐのはこの人だって、叔母さんは思ったんですよ。

吉田　叔母の気持ちが分ることもあります。端縫い衣装に憧れて西馬音内盆踊りを始める方が多いので、あまり練習しないで端縫いで参加する方もいて、とても残念に思います。西馬音内生まれなら小学校でも教えて貰ったり中学でも稽古しますからね。端縫い衣装を着るならそれにふさわしい踊りをしなければという強い思いを持っています。

　ところが叔母が亡くなったら、叔母の娘たちは踊るようになったの。禁止令が解けたって感じ。

やっぱり踊りの血は繋がって受け継がれていくんですね。

ちえり　そうですね。ここで話を戻します。東京の大学へ入られたのですね？

吉田　私は強い意志がない人間なのですが、デザインの勉強をしたいとは思っていたのです。デザインなら東京が良いと考えて武蔵野美術大学、短大ですけれど、へ入りました。デザインにもいろいろありますが、私はグラフィック・デザインを学びました。広告デザインの仕事をしたいと思っていましたね。

ちえり　就職もデザイン関係ですか？

吉田　ええ、広告デザインをする会社です。好きな仕事でしたし、楽しかったですね。夢中で働きましたよ。それでもお盆が来ると踊りたくて、休みを取って秋田西馬音内に帰りました。

ちえり　また踊りの話になりそうですから、次のテーマに移ります。

三　結婚、出産、専業主婦

ちえり　結婚はおいくつの時ですか？

吉田　二十四歳です。

ちえり　早いですね。

吉田　今では早いでしょうが、四十年前は普通でした。遅くても二十七、八歳で結婚して、三十歳前に出産するという感じでした。私は普通の女ですから。

ちえり　お相手は、どんな方ですか？

吉田　やはりグラフィック・デザイナーです。仕事の繋がりでお会いして、結婚したんです。十五歳年上でしたから、彼にとっては最後のチャンスだったんじゃないかしらね（笑）。間もなく子どもが出来て、私は子育てが得意じゃないんですけど、今ほど保育園などが充実していませんし、子どもが出来たら仕事を辞めて子育てするのが当たり前という時代でしたから、デザイン事務所は辞めたんです。でもなんか充実感がなくてね。それで家で出来るデザインの仕事を引き受けたんです。少し充実感が戻って来て、よしっと思ったんだけれど、主人が帰って来て言うんですよ。

ちえり　ご主人はなんと？

吉田　会社でやっている仕事を家に帰ってまで見るのは嫌だって。

ちえり　それでどうしました？

吉田　最初は主人の居ない昼間だけやっていました。でも子どもの世話もあるし締め切りがあるから夜もやらないと間に合わないので、結局は辞めて専業主婦になったの。

ちえり　好きな仕事なのに出来ないなんて辛いでしょ？

吉田　そうね。でも、私は強い意志がないから流れに身を任せる。子どもが小学校に通うようになって、ママ友っていうの、お母さんたちとも交流するようになったの。でもね、夫の話や子どもの話ばかりでつまらないし、私は入っていけない。その頃、大学の同級生たちと会うようになって、アートや文化の話をしてね。同級生たちは私が夫や子どもの話をしないから良いって言うの。同級生たちと会うと少し解放されたわね。

ちえり　私は専業主婦っていう言葉もピンとこない世代ですけれど、専業主婦を何年？

吉田　十年。私は何かしていたいのね。たまたま知っている花屋さんに寄ったときに、花屋のご主人が、しばらく入院するので手伝ってくれないかって言うので手伝うことにしました。子どもたちも小学生になって、手が離れてきましたし、何かやりたいというタイミングでしたから。それから、羽後町が観光PRのために西馬音内盆踊りを活かして東京で何かやりたいということになって来て、東京でも踊る機会が増えてきました。

ちえり　踊りも復活ですか。

吉田　はい。

四　花の専門家になる。そして東京で西馬音内盆踊り

ちえり　まず、花屋で仕事再開のことから話して下さい。店員さんですか？

吉田　仕事再開って言ってもパートです。店頭ではなく中で仕分けしたり花束作ったりするのが主な仕事でした。私は始めると考える方で、自信を持ってお金を頂くには勉強しなければと思って花の教室に行くことにしました。事情を話したら良い先生で一回で二回分教えて貰ったんです。だんだん自信を持って接客出来るようになりましたね。

ちえり　始めたら道を究める性格なんですね。踊りのこともそうですもの。

吉田　始めるといつの間にか熱中するのかも。最初の花屋さんは四年で辞めましたが、花の仕事を続けたいと思って、また花屋に入りました。

ちえり　花専門のフリーターですね。

吉田　フリーターっていう言葉はまだ使われていなかったと思います。パートです。でもパーティーやお祝いに大量に花を納品する会社でしたからね。夜がメインで、開店祝いとかパーティーとかにダアーッと出して翌朝には引き上げて来る、凄い金額が動く世界でした。私は大きなものを作りたかったので楽しかったんですよ。でも、夜の仕事の会社が相手なので問題が多くて辞めたのです。その後、結婚式場と取引する会社で仕事するようになって、結婚式で使うブーケ担当になったのです。人生の新たなスタートになる大切なブーケだと思うと、こんな私が作っていいのかという思いと、新婦だけでなく周りの人たちにも喜んでもらえるブーケを作らなきゃと思って作りましたね。そういう職場ですから若い人たちとの交流もあって、私の知らないことや新しい感覚があって、勉強になりましたね。好きな仕事をしながら学ぶなんて贅沢でしょ？　楽しかったですね。

ちえり　若い人も幸子さんのセンスに刺激され、人間的な、なんて言うのかな、受け入れてくれそうな豊かさがあるから安心してて相談したり提案したりするんだと思います。

吉田　お互いに学べることが嬉しいことですね。

ちえり　花の仕事は今も続けていらっしゃいますか？

吉田　コロナの前、去年の三月まで続けていたんですけど辞めました。

ちえり　（悪戯っぽく）私もブーケを作って貰いたかったのに。

吉田　（にこやかに）頼まれればいつでも出来ますからどうぞ。

ちえり　（笑って）まだ結婚なんて考えたこともないですけど。

吉田　結婚なんて、いつそうなるか分からないものよ。計画的に考えたって、その通りには行かないのが人生って気がする。
ちえり　でも、デザインや踊りで磨いてきたセンスを活かした生き方をしていらっしゃいますね。切っ掛けは偶然かもしれませんが、お花の仕事もどんどんプロになっていく。やっぱりどこか違うなあと思います。
吉田　ありがとう。
ちえり　西馬音内盆踊りを東京でっていうお話をお聞かせ下さい。
吉田　羽後町が物産と観光で東京へ売り込みたい。そのためには西馬音内盆踊りを活かそうという話が羽後町役場からあったんですね。今から二十二、三年前ですかね。それで羽後町出身の人たちに声を掛けて、物産展などのイベントやＪＲの東北観光ＰＲで踊ることを始めたのです。その頃、盆踊りを教えてほしいという方がいて、練習会をするようになったの。最初は私の家で三人から始めたんですけれど、だんだん増えて区民センターなどを借りて稽古するようになりました。この間の芝居で踊って貰った人の中に最初の三人の一人がいたんですよ。
ちえり　そうですか。
吉田　毎年、東京ドームで行われる全国的な芸能と物産イベントに参加しています。踊る以上は上手でなければという思いで稽古に熱が入ります。十何年連続です。秋田とＪＲの東北観光ＰＲのために東京駅や池袋駅前広場でも踊りましたよ。

ちえり　秋田羽後町の観光大使ですね。

吉田　そんなこと。私はただ、西馬音内盆踊りと町が好きなのと、何か一生懸命やれることがあると元気になるからだけですよ。

ちえり　好きなことを一生懸命やれることが幸せなのかもしれませんね。

五　夫の死、そして魅力的な女性でいること

ちえり　ご主人は二年前にお亡くなりになったのですね？

吉田　はい。二年間病院通いはしてましたけれど、最後は脳溢血であっさり。二〇一九年の西馬音内盆踊りの後でした。秋田でゆっくりして来たらって言われたけれど、盆踊りが終わってすぐ帰ったので無事見送れました。

ちえり　よかったですね。幸子さんには元気で踊りを続けていただきたいと思いますが、どういう健康法をしていらっしゃいますか？

吉田　特になんにもしてませんけれど、よく笑うことかな？　家にいても娘と馬鹿言って笑っている。あと、料理が好きなの。食べることじゃなくて作ることが好きなのよ。台所にいる時間が長いです。特別のものを作るんじゃなくて、有る材料で何を作るか、どう組み合わせるか、考えて工夫するのが好きなのよ。その結果、栄養バランスが良い食生活になっているのかも。運動は踊りやっ

ているから良いのかな。一駅位なら歩いたりしてるけど、特別なことはしていないわ。

ちえり　私は稽古の時の吉田幸子さんを見ていて、こんなにしなやか身体で元気でいられるにはどうしたら良いか、インタビューでアドバイスを貫いたいと思っていたんです。特別なことをしていない方にお聞きするのは変な気もしますけれど、健康で居られるのにはどうしたら良いか、私にアドバイスして下さい。

吉田　笑うことね。前向きに考えてゲラゲラ笑うことね。それから検診すること。

ちえり　検診？

吉田　病気の予兆を見つけて対処すること。これからは予防医学の時代になると思います。そのためには定期的に検診すること。主人が亡くなり、去年はコロナでいろいろなことが規制されている中で、大切な踊りの仲間が二人亡くなりました。お見舞いに行くことも、お別れに行くことも出来ず、とても寂しい思いでした。そんなことがあって分かったことは、病気を早く見つけることでした。早ければ早いほど治療の選択肢が増えることなんだなぁと強く思った一年でしたね。

ちえり　検診の重要性、分りました。（笑って）健康のためには笑うことと検診。確かに特別のことではないですよね。

吉田　そうよ。普通のこと。私は普通の女ですもの。

ちえり　高畠さんが吉田幸子さんは魅力的だっていうのはどこから来るんでしょう？

吉田　本人は分からないですよ。高畠さんに聞いて下さい。

インタビューを終えて

吉田幸子さんは「私は普通の女です」という。確かに社会的に考えると普通の女かも知れない。田舎から東京の短期大学に入ってグラフィック・デザインを学び、希望通り広告デザインの会社に入った。ところが結婚して出産すると、夫の希望に従って専業主婦になる。ところが子どものママ友たちの会話に入る気持ちになれない。やがて花屋でパートで働く。パートというのは働いた時間分の報酬を貰えば良いのだが、幸子さんはお客さまが喜ぶ花を作らなければお金は貰えないという思いで、花の教室に通って技術を身に付けた。花を飾リ花束を作る。彼女は「私で良ければ」「お役に立つなら」という普通の女の気持ちを持ち続けている。彼女は自分の感性とセンスを専業主婦になってもどこかで自分の自立する力だと認識しているので、成り行きで入った花の世界でも目の前の損得ではない行動に入る。「私は強い意志がないから流れに身を任せているのかも」と言うが悪い流れからはさり気なく身をかわして良い流れに入って行く感覚的な力があるようだ。

秋田県や羽後町の物産展や観光ＰＲに西馬音内盆踊りが役に立つということで相談されると、在京の羽後町出身者に声掛けして踊り、西馬音内盆踊りに興味がある方々と練習も始めた。それから二十数年、今も続けている。そこにあるのは観て貰うには本物でなければという強い思いであり、彼女の感性が求める行動力がある。また、人に迷惑は掛けられないという内に秘めた覚悟もある。それを周りが気が付かないようにさり気なく対処している。大スターのロバート・レッドフォードが監督して一九八〇年の米国アカデミー作品賞と監督賞を受賞した『普通の人々』という地味な映画があった。そこでは普通に生きる人たちの素晴らしさが描かれ、登場する人たちが普通で魅力的だったが、吉田幸子さんを見ていてその映画を思い出した。

料理が好きで台所にいる時間が長いと言う。美味しい料理を作ろうと思うと材料や調味料にこだわるし、調理法も違って来る。野菜は茹でるより蒸す方が美味しい。それは蒸す方が野菜の栄養素が流失しないからだ。台所にいる時間が長いというのは、それだけ動いているということでもある。栄養的にも運動的にも料理好きは健康であるという論理が成り立つ。健康で元気に活動していても検診することが大切というのも、自分の体験からくる賢明なアドバイスであり、細やかな心使いを感じる。こういう相手を思う心に吉田幸子さんの魅力がある。

本人は自分が中心ではなくサポートするのだと思っているが周りの期待が集まって、いつの間にか中心になっている。しかし、あくまでも自分はサポートする立場だと思っているから周りは彼女を頼りにしながらも自由に動く。それが状況を変えていく。私は社会が苦境に落ち入った時、それを救うのはさり気なく発揮される女性の力だと思うが、吉田幸子さんの魅力こそそういう普通の女性の魅力なのではないかと思った。

吉田幸子プロフィール（二〇二一年五月現在）
秋田県羽後町西馬音内生まれ。武蔵野美術短期大学、商業デザイン科卒。広告デザイナーとして就職の後、結婚して専業主婦。子育てに専念。二人の子どもが小学生になり、生花の花束やブーケ作りを学び仕事にする。二〇〇〇年より東京都内で西馬音内盆踊り練習会を始める。デザイン会社の経理を手伝いながら踊りは続けている。

現在、目黒区、豊島区、横浜市、熊谷市で練習会開催。西馬音内盆踊り首都圏踊り子会所属。首都圏で行われる秋田県の観光ＰＲイベント、芸能イベントなどで踊りを披露。《藤沢宿遊行の盆》《東京ドームふるさと祭り》《池袋まつりのおとがきこえる》等に参加。西馬音内盆踊りクラ部に所属《白崎映美&東北6県ろーるショー!!》参加。

四　キャサリン・ジェーン・フィッシャー Catherine Jane Fisher さんのこと

キャサリン・ジェーン・フィッシャー（以後ジェーン）さんを最初に見かけたのは、二〇二〇年秋、膠の研究開発の第一人者であり、リペルアート画材の開発者の上田邦介氏の画廊だった。年齢不詳の行動的金髪美人とは思ったが、絵を見ている間に消えてしまった。二度目にお会いしたのは上田氏のオフィスで開かれた膠テーマの講座の席だった。講座の後のフリートーキング、人種や国籍や仕事や年齢を越えてイキイキとしているジェーンさんに魅力を感じた。そこで知ったのはジェーンさんはオーストラリア人で、レイプされたがそれ以来レイプ被害者を救う運動を続けていることだった。私が二〇一七年にレイプテーマの芝居を書いて上演した話をしたら、また会いましょうとおっしゃった。その夜に、彼女から電話があって、考えが近いこともあり以後会うことになった。

インタビューで彼女自身が語っているように、二〇〇二年四月六日、横須賀基地の見ず知らずのアフリカ系米軍兵士にレイプされた。起訴したが横浜地検は七月、理由を明らかにしないまま加害者を不起訴処分にした。事件の直後に通報して直接被害届けを出そうとした神奈川県警横須賀署の酷い扱いで傷つき、許すわけにいかないという思いで神奈川県警も告訴したが、それも敗北した。ジェーンさんは加害者に損害賠償を請求する民事訴訟をして、二〇〇四年十一月に勝訴(三百万円)したが、加害者は除隊してアメリカへ帰国、米軍は非協力的で、加害者の住所は不明という。その後、予想外にも加害者の妻から密かな情報があって加害者を探し出せた。アメリカでも告訴、これも勝訴した。それ自体が日米密約に斬り込む大変な闘いだった。

その一方、レイプ被害者救済のために二十四時間利用可能な《レイプクライシス・センター》を設立するため、私財を投げ打って活動を続けた。被害者救済に役立つならという思いで、ジェーンさんはレイプ体験とその後の闘いを書いてオーストラリアで二〇一四年『I am Catherine Jane』を出版、翌一五年には講談社から翻訳本『涙のあとは乾く』が出版された。レイプをテーマに二〇一七年『私はレイプを告訴する』という芝居を書いて演出している私は、レイプ被害者が自分の被害をオープンに出来ない状況と苦しい心情を知っているだけに、ジェーンさんの勇気と自分のためより他の被害女性たちのために闘う精神と行動力に心を打たれた。ジェーンさんの本を読んで、米軍や警察が自分たちの組織優先でしか動かないことに怒りを覚え、諦めずに闘うジェーンさんの姿に涙がでた。ジェーンさんは二〇一九年に国連でスピーチ、二〇二〇年にはノーベル平和賞にノミネートされた。それほどレイプは世界的問題になっているのだ。

ジェーンさんは美術アーチストだ。単なる抽象的な絵画だけではなく、布や廃棄物を使った展示物やビルや大木を使った巨大なアートなど前衛的なアート活動を続けている。アートが収入になるとは限らないので、英会話を教え、個人レッスンもしている。

今回のインタビューを申し込むと《レイプクライシス・センター》活動に役立つならと言って了解してくれた。女性の生き方の問題として、「結婚や離婚のことも聞きたい」と言ったら、「私のことは話すけれど別れた夫のことは書かないで」と言う。断りなく書いたら人権問題だと思っているようだ。その点は明快で曖昧にしない対応で気持ちが良かった。

ジェーンさんを誰がインタビューするのが良いかと考えているときに、法律事務所に勤めている青年の板倉慧君が、二十代の女性弁護士ではどうかと提案してくれたが、裁判闘争よりレイプされた女性の生き方に焦点を当てたかったので、霜鳥まき子さんに相談してバンタンデザイン研究所スタイリスト本科の教え子松本舞花さんを紹介して頂いた。インタビューの中で、松本舞花さんも十四歳のときにレイプではないが性的被害にあったことを打ち明けた。ジェーンさんと舞花さんの間で内面的な理解と繋がりが出来るインタビューになった。

（二〇二一年三月十二日収録）

一　一九八〇年来日の頃、モデルで活躍、結婚、そして息子たち

松本舞花（以後舞花）「初めまして。松本舞花です。今日、お会いできてうれしいです。よろしくお願いします。

ジェーン　キャサリン・ジェーン・フィッシャーです。よろしくね。

舞花　まず、お聞きしたいのですが、いつ頃、日本にお出でになったのでしょうか？

ジェーン　一九八〇年、十八才のときです。オーストラリアの西海岸バースから来ました。

舞花　お仕事ですか？

ジェーン　父が日本の大手企業の顧問弁護士として日本に来ることになって、母も一緒に来ました。私は子どもの頃から日本が好きで、お箸で食事も出来たのですから嬉しかった。

舞花　好きな日本で、モデルの仕事をなさったそうですね？

ジェーン　その頃は日本では金髪が少なかったから目立っていて、街で声を掛けられたり写真撮られて、グラビアにもいっぱい出ました。その頃、赤坂見附でヒラタオフィスの桜井マネージャーにスカウトされたの。社長は平田さん、当時、アメリカ映画『将軍』に出演して話題になっていた島田陽子さんがいた事務所で、島田陽子さんはベストフレンドになったよ。テレビ番組《ドレミファドン》に、『ハイカラ姉ちゃんで～す！』って登場して、英語と日本語でトンチンカン問答をするコーナーにレギュラー出演しました。テレビ・コマーシャルにも十本以上出ました。

舞花　売れっ子モデルですね。

高畠コメント
平田崑社長は現在は株式会社ヒラタインターナショナルの会長で、宮崎あおい、多部未華子、松岡茉優などの女優が所属している。私も以前から存じ上げているが、俳優の仕事の本質を深く解っているマネージャーだ。ジェーンさんが平田さ

インタビュー取材中のキャサリン・ジェーン・フィッシャーさんと松本舞花さん

んのことを「やさしかったやさしかった。逢いたい逢いたい」と話すので、平田さんに連絡して一緒にお会いしてイタリアレストランでご馳走になった。十年ぶりでお会いしたが以前と変わらない。九〇才になったと聞いて驚いた。

舞花　今回のインタビューはレイプ事件と、その後の闘いがメインテーマだと高畠さんから聞いておりますが、結婚と家族のことを少しは話していただけませんでしょうか?

ジェーン　そうね……いつも家族の話はあまりしないのですが、少しだけ。街角で、『テレビに出ているキャシーさんですよね!(Catherine の省略された呼び方が Cathy)』って、男性に声を掛けられて、『キャシーさんが目の前にいる! 幸せです』って言われて、あッ、この人と結婚するのかなって感じて、結婚しました。沖縄出身の人です。三人の息子が出来てから別れました。でもこのインタビューではこれ以上話しません。子どもたちも、自立してそれぞれの人生を歩いていますから、あまり話したくないのです。

舞花　分かりました。

高畠コメント
ジェーンさんはモデル時代の写真やグラビアに掲載されている雑誌も持参して当時の話をしてくれた。天真爛漫で好奇心に溢れて、キラキラ輝いているジェーンさんの写真だった。こんなチャーミングな女性がレイプに遭って壮絶な闘いをする人生になったのかと思うと彼女の笑顔の写真を見ながら涙が滲んできた。

二　レイプ事件と裁判、その後の闘い

舞花　レイプ事件のこと、お話し頂けますでしょうか？

ジェーン　事件現場は米軍横須賀基地の目の前の駐車場、二〇〇二年四月六日の夜です。私がトイレに行ってる間に、カフェバーのカウンターの私の飲物にデートレイプ・ドラッグを入れられて、知らずに飲んで朦朧状態になった私は車の中でレイプされました。相手は全く知らない米兵です。事件そのもののことを詳しく話すのは辛いので、私が事件のことを書いた本を読んで貰いたいのです。講談社から出ています。レイプ犯罪に魂を殺されたと訴えるために書きましたが、今、話すのは辛いです。

舞花　そうですね。分ります。
ジェーン　今日は、その時の神奈川県警横須賀警察署と米軍の対応に対する絶望と怒り、その後の裁判、被害者を救いたいという思いと活動を聞いて貰いたいのです。
舞花　分かりました。横須賀署に届けたのですね？
ジェーン　相手は米軍兵士でしたけれど、基地内ではなかったし、私は日本人は親切だと思っていましたから、日本の警察なら助けてくれると信じて、車で横須賀署に行って届けたのです。私は早く病院へ連れて行って貰いたかった。レイプの現場は身体ですから、私の身体の検査をして、残っている犯人の法的証拠を採取して、早く綺麗になりたかったのです。ところが警察はこんな深夜に開いている病院はないという。救急車を呼んでと言うと、怪我もしていないのに救急車は呼べないと言う。私は慈恵医大の先生にも英会話を教えていたので、慈恵医大病院に電話すると言うと、この署の管轄地域の病院でなければ駄目だという。調書を取った後、そのまま朝まで待たされた。寒かった。
舞花　酷い！　酷いです。
ジェーン　日本の警察は私をまるで売春婦がお金をもらい損なったので訴えたように扱ったのです。朝九時になって、女性警官が出署したので付き添いで病院へ行きました。ああ、もう事件当日の話はしたくないです。
舞花　そうですね……わかります。

高畠コメント
ジェーンさんの著書『涙のあとは乾く』(講談社二〇一五年五月発売)の横須賀署の対応の箇所を読むと全くレイプの被害者を扱う態度ではない。日米地位協定で米軍兵士相手の事件は日本の警察は通常のように扱えないらしいが、それにしても被害者に対する愛もやさしさもない。ジェーンさんは死にたいと思ったと書いているが、私は怒りで震えた。

ジェーン　朝九時に女性警官が出署して、やっと病院に一緒に行きました。婦人科の検査のあと、傷や痣がありましたから整形外科へ。婦人科の医者の態度が悪くて傷つきましたね。整形外科の先生の対応は良かったので、少し落ち着きました。お昼に署に戻って、私の車も調べられて、車の中に落ちていた私の下着は警察に取られて、代わりは貰えず、私は『もういい!』って叫んでいた。調書にサインさせられて、午後三時過ぎに、やっと釈放された。家に帰り着いたのは五時でした。母と息子たちが心配して待っていてくれましたが、すぐ話すことも出来なくて、死にたいと思いました。でも三人の息子たちがいましたから、私が死んだらどうなるんだろうと考えたら死ねなかった。ベッドでずーっと泣いていました。

舞花　……。

ジェーン　母には話したけれど母だってどうしたら良いか分からないのよ。私は助けて貰いたいという気持ちで、被害者支援センターの電話番号を番号案内に聞いたけれど、常時受け付けているような支援センターはないというのです。アメリカでもオーストラリアでも二十四時間受付のセンターがあるのに、どうして日本にはないのだろうと思った。レイプはいつどこで起きるか分からない。

すぐ支援を頼みたい。いつ起きるか分からない火事に備えて二十四時間体制の消防署があるように、二十四時間レイプ被害者センターが欲しいと思いました。その思いが、後に《レイプクライシス・センター》を立ち上げることになったのです。私は助けを求めてオーストラリア大使館にも電話しました。大使館の女性がとても親切に話を聞いてくれて、夜や休日のために自宅の電話番号も教えてくれたので救われましたね。

舞花　話を聞いて貰えるだけでも救われますね。

ジェーン　そうなの、それで少し落ちつきました。一週間後に横須賀署から呼び出されて、現場で再現写真を撮られたの。私は出来ないと言って断ったら女性警官と男性警官で再現しながら撮ったの。状況を説明するのも、信用できないので断ったのですが、犯人の米兵を訴えるつもりなら手続きに必要だと言われて協力しました。犯人の名前もその時知りました。『ブローク・ディーンズ』と黒板に書いてあったのです。戦艦キティホークのアフリカ系米兵です。

舞花　分かって良かったですね。

ジェーン　名前が分ったことで、このままにしてはいけないと思って、私は告訴しました。

舞花　米軍兵士を日本で告訴出来るのですか?

ジェーン　告訴は出来るんです。ところが米軍基地の法務官も弁護士も訳の解らないことを話すのです。結局は『米軍は大事な水兵をいかなる罪でも告発するつもりはない』と言っていると分りました。私は外務省や横須賀市長にも電話しましたが相手にしてくれません。ブッシュ大統領にも手紙を出しました。『検討します』という自動メールはきましたが、その後は何もありません。

舞花　それでも諦めなかったのですね？

ジェーン　自分のためというより、被害者全体のためという気持ちになっていましたから。横浜地検に起訴しました。ところが七月、地検が不起訴にしたのです。そこで弁護士に相談して、損害賠償ということで民事事件で訴えました。判決が出るまで二年六カ月掛かりましたが、その間、二〇〇二年の憲法記念日には二十四時間レイプ被害者支援センターを立ち上げる決意をしましたし、日本政府に対して『あなたたちはレイプ被害者が一九四〇年代から耐えてきたことを知らずにいるべきではない』と宣言する決意を固めました。そのためにもと考えて民事でも闘ったのです。二〇〇四年十一月、民事裁判で私は勝ちました。負けた被告は三百万円賠償金を払うという判決です。ところが、被告は既に除隊して日本から逃げ出していて、何処にいるか住所も分からないという報告です。米軍は協力しないのです。米軍は隠していると思いました。賠償金を米軍は払いませんし、日米地位協定が壁になって何も出来ないのです。

私は神奈川県警も訴えました。勝てる見込みはないと言われましたが、勝つか負けるかではない。正しい行いをすることが大切だと考えました。警察が私に対したような対応では被害者を守れないことを訴えたかったのです。地裁も高等裁判所も負けましたが最高裁への上告は受理されたのです。

舞花　最高裁ですか？　凄いですね。

ジェーン　二〇〇九年、二〇〇二年から七年間に制作した百点を超える作品を銀座のギャラリーで展示したのですが、レイプで付けられた傷の証拠写真も展示しました。その一週間後、最高裁で敗訴したのです。ところが、私には裁判所から知らされず、テレビのディレクターから敗訴についてインタビューしたいと電話が掛かって来て知ったのです。弁護士に電話したら、弁護士にも知らせがなかったという。本人に知らせず報道陣に知らせる。政府はわざとこんな仕打ちをしたのです。私の動きを封じようとしているのだろうと思うと怒りが込み上げて来て、治めることが出来ませんでした。

舞花　政府はなぜそんなことをするのでしょうか?

ジェーン　日米密約があるからです。

高畠コメント
一九五三年に日米間で結ばれた密約で『アメリカの軍人に対して起こされた訴訟において、日本にその司法権を放棄させる』というものであり、法務省担当課長が日本側代表として『米軍兵士が犯すほぼ全ての犯罪を看過する』ことに同意した。それを守るために警察から裁判所まで姑息な手段を取っている。政府に至ってはその存在を否認していた。

ジェーン　その間、私は米兵によるレイプ事件を調べて、沖縄では数え切れない被害者がいることが分りました。レイプされる奥さんを助けようとした夫が殺されたり、六歳の女の子が犯されて、ゴミ袋で捨てられたりしている。それでも犯人はアメリカへ帰って逮捕もされない。私の三人の子どもたちには沖縄人の血が流れているのだから、沖縄のことは自分のことのように感じていました。

舞花　……。

ジェーン　二〇〇八年、私は沖縄に招かれて六千人も集まる大会が開かれたのです。私が日本で初めてレイプされたことを公に発言して、レイプ問題を訴える活動をしていたからです。私は「沖縄は悪くない！」って訴えました。みんな泣いた。七十歳の女性が私の手を掴んでね、「わたしも五十年前にレイプされた、誰にも言わなかったけれど、これからは言います、闘います。沖縄は悪くないって言ってくれたから生きていける。ありがとう」って言うの。次々に私の手を取って「ありがとう」って、たくさんの女性たちが言うの。私はこの人たちのためにも日米地位協定を変えなければと思ったの。私は今も沖縄へ行って一緒に闘っています。

三　米軍とアメリカ政府、そして日本政府との闘い

ジェーン　沖縄へ行く前の活動になりますが、私の活動が契機となって、ＡＪＷＲＣ（アジア女性資料センター）と共同でレイプ救済問題を国際連合に請願していました。その結果、二〇〇七年に国連から日本政府に対して要望書が届いたのです。①国内のどこでもレイプテストキッドが利用できること。②二十四時間体制のレイプ被害者支援センターを設立すること。という要望です。

日本政府関係者から前向きに検討すると回答があったので、期待して民間ボランティア組織は動いたのですが、政府は一向に具体的な動きをしないのです。日米の問題ですから、私は二〇一〇年、オバマ大統領が来日するというので直訴したいと思って手紙を書きました。大使館の事務官は会っ

てくれたので、米軍によるレイプの実情と対応を政府として考えてほしいと訴えたました。でも、その後なんの連絡もありません。日本政府の担当者数人とも会いました。私と弁護士と沖縄の赤嶺政賢国会議員が一緒でした。日本の役人たちはどうしてこうも無反応なのだろうと思いましたね。こんな女が騒いだって無駄だという顔をしています。あなたたちは日本人ですかと思いましたね。私は国歌を言えますかって言いました。誰も何も言いません。だから私が言いました。「さざれ石の巌となりて……私たちはさざれ石ですが巌になります」と言ったのです。沖縄で会ったレイプ被害者たちが一緒です。私一人のためじゃないの。みんなのために頑張る。何千人、何万人が集まれば巌になる。私は一緒に闘っている、諦めない！　思いっきり生きて闘うと思いました。

舞花　そうです、そうですよ。

ジェーン　その後も政府は活発に予算を付けたりしないので、ボランティア組織は予算がないからPR活動も出来ないし、いくつかの組織が細々と続けているのですが、一般に知られていないのです。政府がもっと意欲的にならないと、活発な活動を実現するのは難しいでしょう。

高畠コメント

レイプ被害者救済のボランティア組織としては三〇年以上前から『東京・強姦救援センター』が存在しているし、ジェーンさんの『レイプクライシス・センター』の活動が直接ないしは間接的に契機になって、『レイプクライシスセンターTSUBOMI』（NPO法人）や『SACHICO』（特定非営利活動法人）などの組織がスタートしている。サポート会員の会費や寄付金で運営しているが、資金不足は共通の悩みだ。

ジェーン　二〇一二年、加害者ディーンズのアメリカの住所が、やっと分かったの。
舞花　えッ、分かったのですか！
ジェーン　そう。私が加害者を捜していることはアメリカへも機会があるたびに発信していましたからね。それを知ったディーンズの妻が、やはり彼の暴力から逃げていて、怯えながら教えてくれたの。ウイスコンシン州でした。そこからアメリカ政府と日本政府を相手に闘うような闘争が始まるのです。アメリカ政府法務省に電話してウイスコンシン州の法定代理人になる弁護士事務所のリストをメールして貰って、次々に電話しました。アメリカは弁護料が高いのですが、その時もお金が無くなっていて、電気代を二日以内に払わなければ止められる状況でした。夜から電話を掛けだして明け方にやっとマディソン郡のパーキンス・コーイ社が無料で引き受けてくれたのです。
舞花　無料ですか！　良かったですね。
ジェーン　素晴らしく頑張っているからお金は取りませんって言ってくれたの。アメリカの弁護士料は高くてね、普通なら何百万円も掛かるのよ。それが無料なんて、神さまが助けてくれたと思いました。素晴らしいでしょ？
舞花　素晴らしいです。アメリカではどういう裁判になるのですか？
ジェーン　日本の裁判、二〇〇四年十一月判決の履行をアメリカの裁判所が認めるかどうかです。認めれば被告のディーンズは三百万円と弁護士費用を払わなければならないのです。弁護料や訴訟費用もプラスされるから二千万円以上になるのですよ。ここでまた日本側の対応の悪さで時間が掛かりました。日本の裁判で勝った記録をアメリカ側へ提出するだけで良いのですが、予算がないとかなんとか言ってやらないのです。国なら簡単な仕事ですが、個人で記録を集めるのは大変です。国がするなら記録にハンコを押して渡せば良いだけなのに、個人でするには手間と時間が掛かりました。でも、なんとか揃えてアメリカへ送って、やっと裁判に漕ぎつけたのです。最初は私もマディソン郡に行ってミルウォーキーの裁判所へ行きましたが、後は法定代理人のパーキンス・コーイ社に任せました。ディーンズはお金が無いから示談にしたらどうかという提案もありました。勝てないかも知れないという不安はありましたよ、米軍がバックですから。でも、賠償金は一ドルにしても良いから裁判で勝ちたい、裁判で勝ったという前例を作りたいと言って頑張りました。二〇一三年十月十五日、遂に勝訴の判決を得ました。外人記者クラブで取材を受け、一ドル札を手にして、沖縄のため日本のために勝ちましたとこの裁判の意味を訴えました。

舞花　良かった！　自分のためというより被害者みんなのためという気持ちが通じたのですね。涙が出そうです。

高畠コメント

ジェーンさんはアーチストだけに繊細な感性の持ち主です。ちょっとしたことですぐ涙ぐみます。そんなジェーンさんが電気代を払うお金にも困っている中でここまで頑張れた力はどこから来てるのだろうか？　ジェーンさんはホームレスを見ると、自分の持っている水と食べ物を与えようとします。人間には誰にも生きる権利があるのだから、一つのパンを半分ずつ食べて共に生きようという精神が自然に溢れ出てくるのです。沖縄の被害者、全国の被害者のためと思うことがジェーンさんの力の根源になっています。そんなジェーンさんを見ていると、こんな人は守らなくてはと思ってしまう。そんなところに、ジェーンさんの魅力があるのです。

四　オーストラリアと日本で出版、そして被害者を救う活動

舞花　二〇一三年にアメリカの裁判で勝って一段落したところで事件の全てをお書きになったのですね？

ジェーン　はい。二〇一四年にオーストラリアで出版されて、二〇一五年に翻訳されて講談社から出版されました。事件の経過だけでなく、私の気持ちの揺れ動きと米兵の犯罪を許せない怒りの気持ちを書きました。レイプ被害者の気持ちをここまで書いてくれて力を与えられましたと被害者からメールを頂きました。被害者が、どこか蔑まれ責められている状況を変えなければという思いで書いたのです。レイプを無くしたい。そのためにはレイプされたことを隠さずに訴えていくことが大事だと思っています。レイプされたことは恥ではない。それを隠さないで闘うことが性犯罪を防ぐと考えています。

舞花　そうですね。

ジェーン　国際的にも働きかけていかなければという思いで、一八年にはアメリカの名門エール大学に招かれて訴えました。美術の個展も開催してくれました。一九年七月二日には国連人権理事会でスピーチする機会を与えられ、自分自身や沖縄の人々の身に起きた性犯罪を挙げて、国連がこれらの人権侵害を調査するよう求め、米軍の免責を断ち切る必要があると訴えました。

舞花　ジェーンさんにならお話せる気持ちになってきました。実は十四才のとき、中学の同級生の男子が私の部屋に侵入して、下着を盗られたのです。怖くて声も出ませんでした。仲良しグループの一人でしたから、悩みましたけど同級生たちに言わなかったのです。
ジェーン　誰にも言わなかったの？
舞花　母親には言いました。
ジェーン　お母さまはどう言いました？
舞花　学校に届けると言いました。
ジェーン　当然です。
舞花　仲間の良い関係を壊すのじゃないかと思って、私はそれも止めてしまったのです。今日、ジェーンさんの話を聞いて、言えば良かったと反省しています。
ジェーン　そうよ、そうなのよ。それが他の被害を未然に防ぐことにもなるのよ。
舞花　そうですね。私は自分のこと、自分の周りのことしか考えていなかったことを反省しています。それに比べてジェーンさんはいつも自分以外の人たちのことを考えて、考えているだけでなく行動もしていらっしゃいます。それは凄いことだなあと感動します。
ジェーン　ありがとう。
舞花　私も被害者の一人として思うのですが、被害に合っても、人に話したら変な目で見られて生き憎くなると思って、周りに言えない人が多いのではないでしょうか？

ジェーン　そうなのよ。
舞花　周りには言えなくても相談出来たらいいなと思っている人がたくさんいると思います。夜中でも話を聞いてくれるセンターがあれば救われると思います。
ジェーン　そうよね。話を聞いて貰うだけでも救われるわね。
舞花　ジェーンさんが被害に遭ったことを、ご家族にはいつ話されましたか？
ジェーン　母には横須賀署から帰った夜に話しました。息子たちには少し時間をおいて徐々に話しました。家族は何時だって一緒に闘ってくれますから隠さない方が良いと思います。隠していては社会に公表して闘えません。でも家族ではない誰かに聞いて貰いたい思いもありました。その時の気持ちは今も忘れない。それが『レイプクライシス・センター』を立ち上げた原点です。
舞花　分ります。それから、被害者が世間に顔を出さなくてもセンターが加害者を告発してくれないかと思うんですけど。
ジェーン　そうなれば犯罪は減少すると思うわ。諦めずに運動を続けていきます。協力してね。
舞花　はい。

【レイプクライシス・センター】　以下の目的で広く訴えかけている。
［1］　性暴力（家庭内暴力含む）とはどういうものなのか、教育を通じ啓蒙を図る。
［2］　被害者（特に女性や子ども）の支援。

［3］自ら働くことが難しい場合がある被害者に代わり、あるいは被害者に付き添いながら、自治体や政府に働き掛けるとともに司法面での支援を行う。

［4］レイプ撲滅のための戦略やプログラムを練る。

インタビューを終えて

ジェーンさんはいつもにこやかで明るい印象だ。ジェーンさんは本質的には陽気で善良な人だと思うが、ふと悲しみを感じることがある。ところが本人は気が付いていないし、彼女と会ったほとんどの人も気が付かない。私は敏感に感じるのだが、それは彼女自身のことではなく、数々のレイプ被害者が頭を過る時だと思う。ジェーンさんに本来の明るさを取り戻して貰いたい。その為にはどうすればよいのかと考えながらインタビューに立ち合った。

インタビュー原稿には書き切れなかったが、米兵の犯した犯罪でも、日本の法律を尊重してほしい。その為には日米地位協定を再検討してほしいとジェーンさんは何度も言っていた。ジェーンさんは日本人以上に日本を愛している。この彼女の思いを周りの人々はどこまで理解して受け止めているのだろうか？　四十年間も日本に居るので日本語は充分解っているはずだと思うが、微妙なニュアンスが通じないと感じることがある。そんなジェーンさんが日本人の私でさえ分かり難い公官庁の説明や文書を相手によくぞここまで頑張って来たなと感心する。

その後私は、ジェーンさんの三男に会った。彼は二十五歳。彼は日本語を深く理解していて、私話す微妙なニュアンスを母親のジェーンさんがいまいち理解していないかなと思うと英語を交えて説明するのだ。礼儀正しくて話す言葉も綺麗な日本語だ。しかも気取りがなく若者らしいので、私はすぐに気に入ってしまった。後でそのことをジェーンさんに話すと「教育が良かったのよ」と一言。それは学校教育ではなく家庭教育だと分かった。彼はミュージシャンであり、翻訳家でもある。こんな素晴らしい若者を育てたと分かって、益々ジェーンさんをリスペクトするようになった。それだけに本来の心からの明るさだけになって貰いたい。その為にはどうすれば良いか。ジェーンさんの思いである日本政府が積極的に動いて被害者救済が実現することだ。その道は遠く、ジェーンさんは苦しんでいる。そのために多くの人たちの支援が必要だと思う。経済的支援と政府などに働き掛ける支援をお願いしたい。

Catherine Jane Fisherプロフィール　（二〇二一年五月現在。主にレイプ事件&その後の活動）

一九八〇年四月　父の仕事でオーストラリアのバースから東京移住。金髪モデルとして、グラビア、テレビ、コマーシャルで活躍。結婚でモデルから英会話教師に転職。美術アーチストして活躍。現在も続けている。

二〇〇二年四月六日　横須賀市で米海軍航空母艦キティホーク乗務員ブローク・T・ディーンズにレイプされ、横須賀署で十二時間拘束。刑事訴訟。

七月　横浜地検が加害者を不起訴。米軍軍法会議もこの件を扱わないと決定。

八月　損害賠償を求める民事訴訟を東京地裁に提訴。

二〇〇四年十一月　民事訴訟で全面勝訴。東京地裁は加害者に三百万円の賠償命令を下すが加害者は事件後間もなく除隊して帰国、所在不明で賠償金は支払われず。

二〇〇五年一月二十五日　神奈川県警捜査の精神的苦痛と人権蹂躙で神奈川県警を被告とする国家賠償請求裁判を東京地

裁に提訴。
二〇〇七年十二月四日　東京地裁は神奈川県警の違法性認めず訴えを棄却。原告は控訴。国際連合が日本政府に《一、国内のどこでもレイプテストキッドが利用できること。二、二十四時間体制のレイプ被害者支援センターを設立すること》の実現を要請。
二〇〇八年三月二十三日　《米兵によるあらゆる事件・事故に抗議する沖縄県民大会》に参加してスピーチ。「初めてレイプ被害者が沈黙を破った」と報道される。
五月　防衛省が《救済処置》として三百万円を支払う。
十二月　神奈川県警控訴高等裁判所で棄却、最高裁に上告。
二〇〇九年五月　『自由の扉・今日から思いっきり生きていこう』出版（御茶ノ水書房）。
七月　神奈川県警訴訟を最高裁が上告棄却。
二〇一二年三月　事件後十年を期して日本外国特派員協会でフルネーム公表。加害者の妻から連絡があり、加害者ブローク・ディーンズの所在判明。
五月　ウイスコンシン州ミルウォーキー郡裁判所に東京地裁判決の履行を求めて提訴。九月六日　裁判開始を決定。十月十八日　第一回口頭弁論。
二〇一三年十月十五日　ミルウォーキー郡裁判所原告勝訴判決。一ドル訴訟に勝利。
二〇一四年六月　オーストラリアの出版社 Vivid Publishing から『I am Catherine Jane』
二〇一五年五月　日本語訳『涙のあとは乾く』が講談社から発行。
二〇一六年十月　NGO《ヒューマンライツ・なう》よりアジアン・アクティビスタとして表彰される。オーストラリア・オブ・ザ・イヤーにノミネートされる。
二〇一八年　エール大学ゲストスピーカー。大学で個展も開催。
二〇一九年七月二日　国連人権理事会でスピーチ。「国連が人権侵害を調査すること、米国の免責を断ち切る必要があること」を訴える。
二〇二〇年　ノーベル平和賞にノミネートされる。

五　是蘭（鈴木優子）さんのこと

　是蘭さんに最初にお会いしたのは小川移山さんの個展会場だった。小川移山さんは毛筆による前衛的な書や抽象絵画の美術家だが、是蘭さんはコラージュ・絵画・版画などを用いた独自の混合技法で作品を制作していると紹介された。スマートな女性だなあと感じた。この本のはじめに書いたスマートな女性の典型だと思った。カッコ良くて魅力的そのものの女性だった。こういう女性にお会い出来ただけで私は嬉しくなる。その時頂いた是蘭さんの名刺には彼女の作品が縮小されて印刷されていた。色の世界が広がっているが、よく見ると使われている色は少ない。それなのに広がりがある。彼女はアーチストだと思った。以後、機会があれば彼女の作品を拝見し、展覧会などにも出かけた。私が理事を務めることになった一般社団法人ＣＣＳＣの発足パーティー会場では彼女の作品を小川移山さんの作品と一緒に展示していただいた。お会いした時にアートの話はしたが個人的な話はあまりしなかった。富山の出身、上智大学外国語学部フランス語科卒、ソニーに就職、その後美術の活動を本格的にするためにソニー退社、企業の経営顧問をしながら作品制作活動、などのことが徐々に分かってきた。それにしてもアーチストとして生まれアーチストとして生きているように見える是蘭さんがソニーに二十年以上務めたというのが信じられない。是蘭はアーチスト名で本名は鈴木優子だという。彼女の作品と是蘭はピッタリだが鈴木優子は全く合わない。イメージが統一出来ない。

結婚しているのか独身か、同居者や子どもはいるのか、離婚歴はあるのかなどのことを私は女性に聞かないようにしている。知りたくても本人が話してくれるのを待つ。子どもの頃見た母親から始まって孫かひ孫と思われる少女たちまで、八十年近くも女性を観察して来て、しかも観察しなくては書けない映画や芝居の脚本を書いて来た私としては、あまり聞かなくても分かる感覚が身についている。その私の感覚で判断するに、是蘭さんは独身で一度も結婚していないから、当然のことだが離婚経験も無いに違いない。性格的に潔癖症なので自分以外の人間と一緒に生活するのが辛いのではないだろうか。そんなことを考えてしまうほど是蘭さんは気になる女性、しかも不思議な魅力がある女性になった。

そこで今回の企画で、魅力的な女性としてインタビューに応えていただけないかと申し込んだ。その為にお会いしたのが是蘭さんと二人だけで話す最初だった。企画意図を聞いてくれて引き受けてくれた。私が考えている条件と漠然としたスケジュールを話すと、条件もスケジュールも、私の曖昧なところをさり気なく確認してくる。こういうところはアーチストではなく優秀なビジネスウーマンだ。是蘭ではなく鈴木優子だと思った。この一人の女性の中に二人の女性が生きている。それがこの人の魅力なのかも知れない。

（二〇二一年四月二十六日収録）

一　文学少女だった小学校、中高時代、そして上智大学へ

大林ちえり（以後ちえり）　初めまして大林ちえりです。新人ですが女優の仕事をしています。プロデューサーの高畠さんが、勉強になるよって是蘭さんにインタビューするチャンスを与えて下さいました。よろしくお願いいたします。

是蘭　是蘭です。昨年秋の高畠さんプロデュースのお芝居に出演されていましたね。

ちえり　はい。ご覧になっていただけたのでしょうか？

是蘭　スケジュールが調整出来なかったの。残念だったわ。

ちえり　私も残念です。ではインタビューさせていただきます。最初に小学校、中学、高校時代のことをお聞きしたいと思います。

是蘭　小学生の頃から本を読むのが好きで、大人が読むような文学も読みましたね。宿題の作文も十枚も書いて提出したので先生が驚いていました。中高生になると外国文学も夢中になって読んで、だんだん小説で描かれるような世界を空想するようになりました。白日夢ですよ。

ちえり　白日夢で小説家になることを夢見たのでしょうか？

是蘭　小説を読んで小説で書くような世界を空想することが好きだったということで、小説家になるという具体的な目標はなかったですね。ただ、一人で空想の中で過ごすことが多かったのです。中学生高校生の友だち付き合いや遊びは、限られた人たちとだけしていましたね。

ちえり　どんな本をお読みになりましたか?

是蘭　次々に読んでいたけれど、明治時代の森鷗外や夏目漱石、さらに鎌倉時代の鴨長明『方丈記』や吉田兼好『徒然草』、あとはフランスの現代作家のユルスナールやデュラスを夢中で読みました。

ちえり　あッ、今気が付きましたけれど、森鷗外の短編小説『半日』や『方丈記』に挿絵を描いて出版なさってますね。高校生の時と繋がっていますね。

是蘭　原点なのかな。

ちえり　そのお話は後でゆっくりお聞きしますが、中学高校時代、小説やエッセイはお書きにならなかったのですか?

是蘭　書きましたよ。三千枚(四百字詰め原稿用紙)ほど、しっかりした筋が無くて断片的な架空の街で展開をする白日夢のような世界について書いていました。授業中に教科書の余白にとか、家でもね。でも全部捨てました。

ちえり　自分に厳しいですね。

是蘭　いいえ、単にこだわりがなかったのです。

インタビュー取材での是蘭さんと大林ちえりさん

ちえり　文学の道の延長として大学も選んだのでしょうか？

是蘭　文学のためにと思いつめて考えたわけではありませんが、自然な流れで文学系になりましたね。京都大学の哲学科と上智大学外国語学部を受けました。京都大学は落ちたので上智大学に入りました。

ちえり　大学時代も文学の毎日でしょうか？

是蘭　フランス語学科ですから文学だけじゃなく、外国の文化を含めて学ぶようになりました。学部には外交官を目指して学んでいる学生たちもいたようです。

ちえり　是蘭さんは外交官は考えませんでしたか？

是蘭　そういえば小学生の頃に、外国へ行かなくて済む外交官ならなりたいものだと考えたりしていました。まるで白日夢、まるで文学の世界でしょ。実際は旅行嫌い、移動嫌いで無理なんですけれど。

ちえり　私は大学へは行かないで演劇の道を目指しているのですが大変です。文学で生活するのは大変だと思いますが、卒業後のことはお考えにならなかったのでしょうか？

是蘭　文学など芸術分野に興味はありましたが、現実に目の前で展開している社会の中で、どう追求していくのかのイメージが湧かなかったし、性格的にも保守的だったので、文学でやって行こうというのは具体的目標にはしませんでした。ですから就職試験はちゃんと受けました。就職試験に関しては順調で、ソニーだけじゃなくテレビ局や出版社もいいところまでいきました。

ちえり　ソニーを選んだ理由は？

是蘭　最初に決まったのがソニーだったからです。

ちえり　自分の将来にとってどちらの会社が向いているかなどで選ばないのは、やっぱり文学志向だからでしょうか？

是蘭　自分の芸術への志向性と実社会の繋がりというものが、頭の中で全然はっきりしていなくて、あまり考えなかったということです。

二　文学と無関係なソニーに就職、携わった仕事のこと

ちえり　ソニーに入ってからの仕事について話していただけますか？

是蘭　一九八五年に入社してから二〇〇九年に退社するまで、ずーっと本社で、製品の国際的な安全基準や品質管理に関わるセクション、全社的な経営戦略を推進するセクションなどに配属されました。品質管理の部門では部門長のスタッフとして社内会議やイベントの企画と実行とか、スピーチ・ライティングなどをしたり、製品安全の新しい法規にどう対応していくかについて、海外の関係会社や工場に教育に行ったりしていました。

一九九〇年代の後半から二〇〇〇年代初めに在籍した経営戦略部門ではソニーの将来戦略に関するプロジェクトの事務局やコーポレート・ベンチャーキャピタルに所属して、管理や会議、人事系の業務をしたり、一時、投資先の会社に社外取締役で入ったりしたこともありました。年に数回海外に出張していましたね。

ちえり　会社の経営の中心になるセクションですね。

是蘭　営業部門も重要なのですが、私は配置されたことも希望したこともなかったです。自分でも営業向きではないと思います。

ちえり　忙しい中でも本は読まれていたのでしょうか?

是蘭　三十歳位までは読んでいましたが、その頃から古典以外はほとんど読まなくなりました。

ちえり　忙しくなって、ですか?

是蘭　というより、当時何冊か海外の素晴らしい現代小説を読んで、逆にもうこれ以上学べないというか、読まなくて良いような気持になったのです。

ちえり　私なんてどの本を読んでも学ぶことばかりですけれど。

是蘭　そりゃあ実際には学べることはたくさんあったのだと思いますが、小説を通してという意味ではもう卒業しても良いかなという感覚でした。ただ、古典はまだまだ読みたいと思いましたし、今も続いています。その頃から美術への興味が強くなりました。

ちえり　文学から美術へですが、中高時代は美術に関してはどうだったのでしょうか？

是蘭　好きでしたけれど、画集や本などで見たり調べたりするのが主で、活発に創ったりはしませんでした。文学世界にどっぷり浸かっていました。でも文学も美術もアートの世界ですから共通するところがあると思うのです。文学に対する興味が一段落した時、美術は私にとって未開発の部分が多いので、入って行きたいと思ったのです。それで美術に熱中するようになって、その後の生き方に繋がる方との出会いがありました。

ちえり　その方とは？

是蘭　北川健次氏、銅版画、オブジェ、コラージュの第一人者です。

ちえり　ソニーをお辞めになる数年前ですね。

是蘭　そうです。私は何をするのも遅いのですよ。その頃、既に管理職ではありましたが、ソニーで仕事を続けることに閉塞感を感じるようになっていたのです。自分で自分の手で創る世界で生きていきたい。そう考えるようになってから辞めるまでに三年掛かったのです。

ちえり　慎重なのですね。

是蘭　何をするのも遅いだけです。

三　ソニー退社、会社顧問、そしてアート活動が中心に

ちえり　美術に本格的に取り組み始めてからのことを話して下さい。
是蘭　コラージュを創りだして二年間経って、益々熱中するようになったのです。自分の本性に近いという感覚で創作に夢中になっていったのよ。既に管理職でありましたが、その頃仕事に対するエネルギーの集中力が無くなっていることに気が付きました。ちょうど早期退職の募集もあり、美術の活動も前に進めたかったので会社を辞めることにしたのです。入社して二十四年。ちょっと長過ぎたわね。でも辞めてから考えました。『これで自分がやりたいことに集中すれば良いのか？』、まだ四十代ですし、行き先が決まっているわけではないし、心配はゼロではありませんでした。でも早期退職で有利な退職金を貰えたので、少なくとも数年は困らないからアート創作に集中しようと思いました。
ちえり　好きなことに集中出来るのは幸せですね。
是蘭　そうですね。でも美術制作が大企業で働くような収入に容易に結び付くことは期待できないから、数年先はどうなるのか不安はありました。ただ、退職後すぐに、知人の会社経営者から顧問にならないかという話があったのです。

ちえり　どういう会社ですか？

是蘭　BodyChanceという会社で、アレクサンダー・テクニークという西欧で歴史のある身体技法、ごく解りやすく言えば身体の使い方を指導する教育サービスの会社です。

ちえり　実際はどういうことをするのでしょうか？

是蘭　普段何気なくしている姿勢や動きの習慣に気付いて改善することで、例えば音楽やスポーツなどのパフォーマンスを向上したり、肩こりや腰痛を軽減したり、メンタルの安定を引き出すことが出来るセルフケアの技法です。日本ではまだあまり知られていませんが、ジュリアード音楽院やワシントン大学などでも教えられていて、国際的には可なり注目されているものなのです。私の顧問先はこの技法では世界最大規模の教育機関で、私もレッスンを受けていたのです。その会社のオーストラリア人の社長から、会社の労務管理や経理の仕組みなど日本企業のノウハウを指導してほしいということで関わりました。私は引き受けると真剣にやる性質なので、熱心に仕事をして、労務や経理の日本に則したシステムを導入しました。ただ、ソニー時代と違ったのは時間的な束縛が少なかったことです。時間的には融通が利きましたので、ソニー時代より美術制作に集中できるようになりました。

ちえり　今も顧問の仕事はお続けになっていらっしゃるのですか？

是蘭　アート活動に軸足を置くため時間は減らしていますが、もう十年以上続けています。

ちえり　アート活動に軸足を置いた途端にコロナになりましたね。

是蘭　個展やグループ展、美術イベント参加などいろいろ決めていましたし、そのための制作活動でスケジュールはびっしりでした。コロナで心配だったのは美術展に観客が一人も来ないんじゃないかということでした。でもやるしかない。京都で『かりそめ〜方丈記と共に』と題する個展を今年の三月に実施出来たのは《新型コロナウイルス感染症の影響に伴う京都市文化芸術活動緊急奨励金》の対象事業になったからです。京都市で驚いたというか感動したのは、行政関係者のアート活動に対する理解力と前向きな姿勢でした。やっぱり京都は文化の街だなと思いましたね。それからコロナの関連では文化庁や東京都の支援を貰えたことも助かりました。

ちえり　私も文化庁の支援を貰おうとしたのですが、書類の書き方もよく解らなくて、結局は諦めました。

是蘭　文化庁の書類は理解の難しい部分があり、私も電話で聞きました。申請して、支援して貰いましたが、京都市の要項や書類書式は明解で解りやすかった。洗練度の違いを感じました。

ちえり　文化庁なのに文化レベルが低いのでしょうか？

是蘭　文化庁だけでなく、中央官庁の文書そのものの平易化は必要なように思います。

ちえり　京都市での『方丈記』テーマの個展についてお聞きします。今回の『方丈記』だけでなく、森鷗外の小説の挿絵も描いて出版なさってますね。是蘭さんがお好きな文学と美術が結びついているような気がします。

是蘭　そうなの、文学と美術を合わせて独自の作品を創れないかと考えてチャレンジしたの。文学の挿絵と言うと小説で描かれた世界を絵にするのが通常の世界だと思うのですが、私が考えたのは文学を読んで私の頭に浮かんだイメージや既に制作していた作品と一体化出来ないかということなのです。音楽を聴いてその音楽に刺激されて絵を描いたりするでしょ？　音楽が文学に変わって、文学と絵がコラボしたらどうなるかというチャレンジです。この文学のこの箇所を読んでこのイメージとの相関性を見出すという表現です。文学とイメージ画と合わせて一冊の本にしたら、別のアート作品になるのではと考えたのです。

ちえり　ジャンルを超えた結びつきですね。

是蘭　美術の中でも、異なる表現方法や技術、例えば絵画と版画とかを一つに融合させて独自の世界を作品として創り出したいと思ってやって来ました。さらにチャレンジの枠を広げたいのです。これからもいろいろ試みていきたいと思っています。

ちえり　演劇、ダンス、音楽などの舞台芸術の世界でも枠を超えた融合作品へのチャレンジが増えてきたように思います。時代の流れというか、時代が求めているのでしょうか？

是蘭　常に枠を超えたチャレンジをしていく。それがアートの役割りではないかと考えています。これからの社会は多文化・多民族の共存をこれまで以上に考えなければならなくなると思います。しかし、社会が変わるのは難しい。そういう時、アートはいつの時代でも先駆けの役割りを果たしてきたと思います。そういう思いで、私は自分の出来る美術の世界でチャレンジして行こうと考えているのです。ただ、私はいわゆる社会的事象を直接扱ったり参照したりという制作態度は取ってこなかったし、これからもそうだと思います。より抽象的で普遍的で且ついつまでも新鮮な人間としての関心事と重なっている。そんな作品を創っていきたいと思います。

ちえり　素晴らしいチャレンジです。これからの作品が楽しみです。

是蘭　ありがとう。

高畠コメント

紀元前五世紀のギリシャ時代から二十世紀まで、音楽、美術、演劇、映像などのアーチストが作品を通して近未来社会と生き方と人間の本質に関してメッセージを発して来た。十九世紀までは王様をはじめとする貴族たちがスポンサーになり、民衆が支持した。二十世紀に入ると評論家が新しい才能とアート作品を見つけ出してマスコミを通して訴えることで作品のメッセージが広がった。アメリカのブロードウエイ新作舞台は初日の翌日に掲載される新聞評によって翌日からの観客動員が違ったと言われた。日本でも、新聞やテレビの評論が本質を見抜いて無名の新人の作品を評価し、大御所の作品でも評価しない厳しさがあった。ところが二十世紀終末から、マスコミは経済的価値観と支配層の価値観で評論を書くようになった。そのことで評論家や文化担当記者は発言の場を与えられるからだ。それが続いて自分の評論の一般的知名度が上がると、自分が一般観客の代表だと勘違いしていく。付和雷同型大衆と一緒になって新しい才能を潰している。その流れの中で、才能あるアーチストは評価されないことによる精神的なダメージと経済的貧困で潰されていく。私はプロデューサーとしてそういう才能に寄り添うことを心掛けてきたが、是蘭さんは精神的にも経済的にもゆっくりと自分を強く育てているので寄り添う必要はないようだ。

四　結婚、健康、そして魅力的な女性でいること

ちえり　ここからは個人的なことになりますが、結婚をお考えになったことはないのでしょうか?

是蘭　私ね、一人でいる時間が好きだし必要だし大切なんです。結婚すると夫になる人が同じ空間

に朝からいるわけですよね。
ちえり　それは当然ですね。
是蘭　それだと息苦しくなる、私が私でなくなると思うのよ。ソニー時代に社員旅行に行って同じ部屋に布団を並べて寝るようなケースがあったの。
ちえり　社員旅行なら当然なんでしょうね。
是蘭　そう。そういう時でも私は布団を並べて寝るのが嫌で、布団を縁側とか廊下に運んで、障子を閉めて寝たりしていました。平安時代の貴族階級の結婚みたいに家が別で、会いたい時に訪ねるというのなら良いと思うわ。通い婚なら現在でも出来るわよね。でも社会的になかなか認められないのが実情かな。
ちえり　親兄弟を納得させるのが一番難しいかも知れません。ここでもう少しお聞きしたいのですが、具体的にこういう男性なら恋愛とか結婚したいとか思うことはないのでしょうか？
是蘭　こういう男性は良いなということはありますよ。自分の好きなことを楽しそうにやっていることが絶対条件で、人生の価値観が一致していることも近づく要因になりますよ。でも、同じ空間でいつも一緒にいると考えると結婚はしたくないと思うのよ。
ちえり　私は二十三歳ですが、早めに結婚して子どもが欲しいと言う同級生がかなりいるんですよ。是蘭さんはどう思いますか？
是蘭　私はそういうことを考えたことはなかったけれど、人それぞれの生き方で良いと思っています。私の友人で、子どもも三人産んで育てて、仕事もバリバリしている女性がいます。彼女の生き方を見ていると〈結婚するか仕事を取るか？〉とか〈子供を産むか仕事を続けるか？〉なんていう悩みは全く感じられませんでした。両方同時進行して当然という考えだと思います。だから人それぞれで良いのだと思います。

ちえり 是蘭さんは健康そうですね？

是蘭 さほどの病気はしないで生きてきました。

ちえり 特別の健康法とか体型維持のためになさっていることはありますか？

是蘭 私は時間の使い方が下手なんです。だから健康や体型維持にしても、こうしようああしようとしっかり決めてしまって、一回失敗するとモチベーションが下がってしまうのが嫌なので、いっぱい仕込んで置いて一つでも出来れば良いと思うことにしています。特に体を動かすことは健康にも役立つと思いますので、朝起きたらベッドの上でストレッチ、お茶のためのお湯を沸かしながらスクワット、十時三十分にラジオ体操、四時に外出して散歩など、ゆるく決めてあるの。どれか一つ位は出来るので続いています。

ちえり 次に、是蘭さんから見て魅力的な女性とはどういう女性でしょうか？

是蘭 私が思う魅力的な女性は美しい人ですね。

ちえり 美しい？　美人ですか？

是蘭 世の中で言う美人という意味ではなく、誠実で高潔な人、無駄な動きをしない女性です。絵画的に表現させて貰えるなら妖精みたいな女性でしょうかね。

ちえり　高畠さんが是蘭さんを魅力的だと言うのは、妖精のような女性だと思っているのでしょうか？

是蘭　さあ、それは分かりません。自分で自分のことは分からないものだし、特に男性がどう見てるかというのは益々わかりませんね。

ちえり　そうですね。

五　若い女性へのメッセージ

ちえり　最後に私たち若い女性たちは日本の未来に不安を感じて、自分はどう生きて行けば良いのか、漠然とですが悩んでいる人も多いように思います。何かメッセージをいただけませんか？

是蘭　若い人だけじゃないと思います。日本は世界でもどんどん評価が下がっていますし、世代間の連帯感も大勢としては無くなっていますから各世代それぞれの悩みがあると思います。私だって悩みながら生きています。若い人たちにメッセージを出すことは出来ませんが、一緒に考えることは出来るかも知れません。

ちえり　では一緒に考えて欲しいのですが、大学に入っても何をしたいのか、やりたいことが見つからない人が増えているようなのです。どうすれば良いでしょうか？

是蘭　美術をやりたいという人の中にも方向性が分からないという人がいます。実は海外では大学に入ったのにやることが分らないとか美術をやりたいのに方向性が分からないという人には殆ど会ったことがありません。だから、それは良くも悪しくも一種の文化なんです。日本では周りは何を自分に求めているか、社会は何を必要としているかを先に考え過ぎるのかも知れません。まずは自分の能力や状況を考えて、何をやるかを仮に決めたら実際にやってみて、得手不得手や本当に楽しいかどうかなど、データを集めることです。決めたら学んで自分をレベルアップする努力をするのです。その上で、社会との関連を考えると生き方が見えてくると思います。

ちえり　学生のときはそれで良いのかと思えるのですが、生活のために仕事をするには思うようにいかない方が多いのが現実です。それで何をしたら良いのか悩むのです。

是蘭　生活のためとはいえ、自分が何をやりたいのか分からないまま仕事をするのと、分った上で希望とは違う仕事をするのは違うと思います。

ちえり　私の高校の時の先生に『二番目に好きな仕事を仕事にしなさい』って言われたのです。是蘭さんはどう思いますか？

是蘭　好きで出来ることだけしていると進歩しない可能性はあります。努力をすることで力が付くのに、好きだから努力しないでも出来るというのが結構あります。でも、出来るというのは危険なことです。伸びしろが小さくなる可能性があるのです。その先生が同じ意味でおっしゃったかどうか分かりませんが、私はそのように思います。

ちえり　そうですね。私は好きな仕事に踏み込んだのですから人一倍努力します。

是蘭　そうね。

ちえり　是蘭さんは最初に会社に勤める時も、四十代になってから美術アーチストの道にチャレンジする時も、どうお考えになって決めたのでしょうか？

是蘭　今の学生たちは仕事や生き方に関する情報が多過ぎるので選択に迷うと思います。私の時代には情報が少ないですから迷わずに済みました。でも、実は迷わなかった一番の理由は自分の性格や価値観はある程度理解していても、それにぴったり来るような選択肢を当時の社会の中で見出すことについて、私自身に全く現実味がなかったからなんです。会社に入って仕事しながら、自分はこれで良いのかと考えて自分を観察して自分のデータを自分で作りました。そのデータによると、子供を見て可愛らしいとか、親がいて子供が存在するとか、これから大人に成長するのだなどとは感じなくて、そこにただ一人の人間がいると受けとめていたり、犬や猫を見てもペットとして見るのではなく一個の生命体として見ていたりしていました。そういう見方をする私は、アート的な生き方、作品の中に自分が捉えた生命とか現象というものを凝縮させるような試みを続けていく方が向いていると思いました。その結果、私はアートを自分の最終的な世界と決めたのです。今の若い人に言いたいのは、多すぎる情報に惑わされないように自分自身のデータを自分で作って、そのデータを参考にして仕事や生き方を決めていくようにした方が良いのではないかということですね。

ちえり　自分で自分のデータを作ることを考えたいです。青春真っ只中ですから悩んで考えて希望を持ってチャレンジしたいと思います。

是蘭　ちえりさんが青春真っ只中と言ったけれど、新しいことにチャレンジして何か新しいものを作り出そうとする限り、年齢なんて関係なく青春です。私もまだ青春のつもりですし、高畠さんも青春真っ最中ですよ。

ちえり　えッ、八十一歳の青春ですか?!（笑いそうになる）

是蘭　笑っちゃダメ！　（と笑いを堪える）

高畠　（恥ずかしそうにテーブルの下へ隠れる）

インタビューを終えて

三十歳にして現代文学を読まなくなって美術の世界へ入って行った是蘭さんが惹きつけられ、挿絵を越えた新しい文学と絵のコラボを試みた鴨長明の『方丈記』は平安時代が終り鎌倉時代が始まったばかりの一二一二年に世に出た随筆だ。是蘭さんがなぜそこまで惹きつけられたのか？　その鍵は『方丈記』の出だしの文「ゆく河の流れはたえずして……」にあると思った。平安時代末期、大火、大風（台風）、飢饉、疫病が続き、平家が潰れ源氏が鎌倉幕府を開いても人々は苦しむ。そんな時代を生きた鴨長明は代々下賀茂神社の禰宜を務める名家を棄てて草生す五畳足らずの方丈庵で何も持たない生活をしながら世の無常を考えて随筆を書く。しかし、悟りを開いたわけではない。最後には自己矛盾を正直にさらけ出す。河の流れは変わらないように見えるが、新しい水が流れ込んでそこにあった水は下へ流されていく。水は常に変わっているという思いで語り掛けている。

是蘭さんが安定した仕事を辞めて収入的には見通しが立たない美術アーチストの道を選んだことに鴨長明と共通するものを感じた。絶えず流れて変わらないように見える河も水は常に変わっているのだから、変わらないように見える私も心の在り方や生き方を変えなければと思ったのではないかと推測する。紀元前五世紀のギリシャにも『パンタ・レイ』（萬物は流れる）という哲学的な言葉がある。全てのものが変わっていく。真実と思われていることも変わるかも知れないというのだ。

鴨長明の無常と同じだ。人間社会も人生も本質は無常であり、それを解って生きている人間こそ本物だと改めて教えられたように思う。そう考えたとき、是蘭さんは本物なのかも知れない。いや本物だ。そこに是蘭さんの不思議な魅力があるのだと解った。

是蘭（鈴木優子）プロフィール（二〇二一年五月現在）

富山県生まれ東京在住。一九八五年／上智大学外国語学部卒業後、ソニー株式会社に入社。二〇〇九年／ソニーを早期退職後、アーチストとして活動を開始する。コラージュ、絵画、版画等を用いた独自のミクストメディア（混合技法）作品を展開。個展の他、くどやま芸術祭（和歌山）、岩国ビエンナーレ（山口）、京都芸術センター藝文京展などのアートフェアや展示に参加。全国和紙画展金賞、ＦＵＫＵＩサムホール美術展準大賞、国際版画公募ＦＥＩプリントアワード美術の窓賞、その他の受賞がある。目黒学園カルチャースクール『初めてのコラージュ』講師。二〇〇九年／欧米において良く知られている身体技法アレクサンダー・テクニークの実践者としてそれを制作活動に活かしてきたが、ソニー退社後、その世界的教育企業BodyChance（有限会社アレクサンダー・テクニーク・アソシエイツ）の経営顧問就任。現在も在任中。創業者Ｆ・Ｍ・アレクサンダーや同技法の著名教師による講和録など専門書の翻訳書もある。

オフィシャルサイト：https://www.zelan-art.com

プライベートブログ『原初のキス』：http://zelan.jp/wp/blog/
Instagram：https://www.instapram.com/zelan_my_sight/
Contact：info@zelan.jp

六　兵藤祐子さんのこと

兵藤祐子さんに最初にお会いしたのは二〇一九年の夏だった。同じく今回インタビューさせて頂いている中前由紀さんの紹介だった。私はこれからの企業や行政が、社会が望む組織として発展していくキーワードは《文化》だと言い続けてきた。文化芸術担当課長もいる港区から現実的実践をしてほしいという思いがあり、その為には議員に動いて貰わなくてはという期待で以前から知っていた中前由紀さんに相談し、一人より二人ということで兵藤祐子さんを紹介されたのだ。港区に働きかけたい一例が、麻布区民ホール閉館時間延長問題で、中前区議と兵藤区議両名のセッティングで、麻布地区総合支所の副総合支所長（二〇一九年当時）と話し合う場を設定して頂いた。全般的な文化活動問題では国際化・文化芸術担当課長と話し合う場も作って頂いた。行政にとって文化テーマの政策は現実的には難しいことは理解しているが、その前段として必要なのはあらゆる政策に文化的価値基準を持って対応することを訴えていきたいと思っている。その意向を理解して、出来ることから実行してくれている議員が中前由紀さんであり、兵藤祐子さんだと信じている。

兵藤祐子さんの第一印象は議員らしくないが普通の奥様風でもビジネスウーマン風でもなく、訴える何かがあるということだった。私の長年の感覚からすると、そういう女性(男性もそうだが)は仕事や家庭生活以外にこだわりを持っている何かがあることが多い。特に、文学、絵画、音楽のみならずスポーツから料理まで、広い意味で文化的なことに熱心だったり造詣が深かったりする。そういう女性の人間性は顔と雰囲気に現れている。兵藤祐子さんにもそれを感じた。実際はどういうこだわりや生き方がそういう雰囲気を作っているのか？　それはインタビューの中で分っていくと期待している。

インタビュアーは田熊優衣さんにお願いした。中川裕季子さん、霜鳥まき子さんへのインタビューも引き受けて貰ったが、そもそも優衣さんに会えたのも兵藤さんの繋がりだ。大学生が現実から学ぶ目的のインターンで優衣さんは区会議員の仕事を学ぶために兵藤さんに密着取材していて、大学生のインタビュアーが必要だと相談して紹介された。その後、田熊優衣さんに会ってインタビュアーの話をして引き受けて貰うことになった。

（二〇二一年四月二日収録）

高畠コメント

区民ホールの閉館時間延長問題は港区の支援を貰って三十三年間も続いている『麻布演劇市』が十数年前から署名も集めて交渉をしているが未解決の問題。九時三十分閉館では、片付けて退館するためには八時には終演しなければならない。それは演劇や音楽の公演には厳しいので、公演日のみで良いので十時三十分まで一時間延長を請願してきたのだ。三年前に三十分の延長を認める提示はあったが、中途半端なので断った。管理業務優先で延長を認めないのは文化的視点が無さ過ぎる。時代遅れの行政になると心配している。

一　子ども時代から中学、高校演劇活動、東海大学へ

田熊優衣（以後優衣）　インターンでお世話になりました。ありがとうございます。

兵藤　こちらこそ。

優衣　本日はインタビューさせていただきます。最初に、子ども時代のことをお聞きしたいのです。

兵藤　分りました。私は横浜市生まれ横浜育ち、三人姉妹の末っ子で、姉たちは十才と八才年上でした。甘えん坊で消極的で、太っていたんですよ。

優衣　消極的で太っていたなんて、今の兵藤さんからは想像出来ないです。

兵藤　子どもは成長して変わっていくものですよ。

優衣　子どもの頃はどんな仕事をしたいとかどういう人になりたいとかありましたか?

兵藤　父は公務員でしたから安定志向で、その影響でしょうか、生活が安定するには公務員か、手に職を持たなくてはと思っていて、調理師になりたいと考えていたこともありました。でも特別強い思いがあったわけではありません。勉強、特に文学が好きだったこともあって、国語の先生になりたいという思いもありました。中学生の時に演劇を題材にした漫画『ガラスの仮面』（美内すずえ

作）やドラマが好きで、高校では演劇部に入って演劇活動をしている時、各学校から選抜された生徒とプロの劇団員が一緒にワークショップして、一つの演劇を上演する機会があったのです。学校内で私ともう一人が選ばれて参加しました。脚本・演出は別の高校の演劇部顧問でした。ところが主演予定のプロダクション所属の女優さんが足を捻挫したことを理由に途中で棄権しました。急遽、私と同じ学校から選抜された女性のどちらかが主役を演じることになり、面談の末私が主役に抜擢されました。ますます演劇の魅力に憑りつかれ、女優になりたいという気持ちは強くなりました。

高校卒業を前に演劇部の顧問の先生に相談しましたら、そのためには劇団の養成所に入らなければと言われて、有名な養成所の試験を受けたのですが落ちました。入れそうな養成所もあったのですが、養成所に入ったからって確実に女優になれるわけではないし、生活のことも考えました。でも、まだ諦めるのは早いし色々な経験をしたいと思い、大学を目指したのです。

優衣　どちらの大学ですか？　学部は？

兵藤　東海大学文学部日本文学科です。大学に入れば四年の間に女優への可能性も追求出来ますし、無理なら就職も出来ると考えたのです。ところが親からは猛反対されました。父は女性は高校を出たら就職して二十代の内に結婚するのが安定した生き方だという考え方でしたし、二人の姉たちは父の思う生き方をしていました。大学の費用は父が出すのですし、私にとっては大変な闘いでした。一度決めたら変えない性格で、猛烈な闘いをしてなんとか許可されました。後で考えてみると末っ子って得ですね。親にしてみれば、子育ても一段落しているので、末っ子くらいは自由にさせても

インタビュー取材中の兵藤祐子さんと田熊優衣さん

良いと思ってくれたと思います。

優衣　大学でも演劇活動ですか？

兵藤　サークルは映画研究会を選びました。映像の中で自分を客観的に役者として見たかったのです。恋愛ものからヤクザ映画まで、大学生が自ら脚本を書いて撮影して作品を創りあげました。しかし、やはり演劇を忘れられず演劇に戻ります。舞台の基本的な体力作りのために、ジャズダンスやクラシックバレエの教室にも通いました。

大学の授業では日本文学科選考だったため、現代劇から古典まで作品に触れました。『仮名手本忠臣蔵』を卒業論文にしたくらいですから、演劇を学ぶことには熱心だったと思います。それから教員資格を取る授業も受けて、途中でやめようかと思った時もありましたが、父の反対を押し切って大学に入ったのですからやめるわけにいかないと思って、教員資格も取りました。

優衣　女優の道は諦めたのですか？

兵藤　積極的な人は大学に通いながらも養成所に通ったり、オーディションを受けたりするのでしょうが、そこまで積極的になっていませんでしたから、女優人生をチョイスする時期を逃したかも知れませんね。でも諦めたわけではないので入団試験は受けました。

優衣　どうでした？

兵藤　落ちました。それで普通に就職する生き方になりましたね。

優衣　では就職について伺います。

二　就職、結婚、出産、子育て

優衣　就職試験は？

兵藤　受ける決め手は、急成長しているスピード感のある会社です。三社受かったのですが、化粧品会社の『ノエビア』に入社しました。平成元年入社でしたが、当時から男女平等を強く打ち出していました。採用人数も男女半々で、差別はありません。仕事内容も拘束時間も俸給も差がないのです。それは良かったのですが、仕事にのめり込んでいくと残業も多くなり、個人的な生活が犠牲になっていく可能性もあるのです。仕事一本槍の生活で趣味の時間もなくなっていくわけです。自分の時間管理をしっかりやってメリハリを付けなければ、自分を喪失していくと思いましたね。
優衣　自分を喪失していくと考えるのは、やはり文化的というか文学的な発想ですね。
兵藤　そうですかね？
優衣　すいません。私はまだ就職とか仕事とか、何も分かっていなくて。
兵藤　まだ十九歳でしょ。これからよ。
優衣　では次の質問です。結婚はおいくつの時ですか？
兵藤　二十九歳です。
優衣　忙しい仕事に追われる中で、結婚に踏み切った理由を話して頂けますか？
兵藤　自分らしい生き方をするにはどうしたら良いか考えた時、パートナーを持ちながら生きて行くのが必要だと思っていましたし、結婚願望は早くからあったのです。それにしては遅かったのは仕事に追われていたからです。この人ならパートナーとしてやっていけると思ったのです。結婚して生活スタイルを整理して自分を大切にした生き方を考えるようになりました。
優衣　出産をお考えになったのはいつ頃でしょうか？
兵藤　子どもは欲しいとずっと思っていましたから、心の準備は出来ていましたし、主人とも話し合っていました。でも計画通りに行くものでもありませんからね。でも妊娠して、三十五歳の時に出産しました。二卵性双子で、男の子と女の子です。
優衣　双子なんて素晴らしい！

兵藤　そうでしょ、嬉しかったですね。でも子育ては大変でした。子どもを保育園に預けていても、迎えに行く時間に間に合うように仕事を切り上げるとか、それも出来そうにない時は主人と連絡を取り合って代わりに行って貰うとか。双子で、そのうえ息子の方は自閉症だったので、なおさら大変でした。

優衣　私は詳しくはありませんが、自閉症の場合、小学生になっても一人では行動出来ないのではないですか？

兵藤　そうです。息子は高校でも学校の送り迎えは必要でした。

優衣　大変ですね。

兵藤　大変ですが、主人が協力的というか、パートナーとしてローテーションで対応してくれます。パートナーを持ちながら生きて行くとの思いで結婚したんですが、息子のお陰で改めて実感していますし、生き甲斐を感じます。

優衣　考え方で、大変なことも生き甲斐になるのですね。

兵藤　そうよ。ピンチはチャンスって言うじゃないですか。私はいつもそう考えて前向きに生きてきました。仕事でも人間関係でも家族との生活でも。主人ともその点で一致していると思います」

優衣　ピンチはチャンス……私がインタビューさせて頂いた霜鳥まき子さんも中川裕季子さんもおっしゃってました。魅力的な女性のキーワードかもしれませんね。

兵藤　それは嬉しいですね。私はいつもそう考えて前向きに生きて来たから、運命も微笑んでくれて今があると思っています。

優衣　そうなんですね。

三　港区議会議員活動

優衣　いよいよ現在の仕事の区議会議員についてお聞きします。議員になろうと思われたきっかけは何でしょうか？

兵藤　息子が障がい者だったので、自分の中で周りから差別的な目で見られている気になってしまったんです。勿論、保育園や小学校のママ友たちは応援してくれましたから心の支えにもなりました。全てが平等という精神で生きてきましたが、本人に何も責任がないことでなぜ差別されるのか？　それぞれの個性を尊重する共生社会を作らなきゃと思いました。それから、障がい者の親たちの集まりにも出ました。障がい者の子どもを抱えたために自分の人生を使ってしまったという女性にも会いました。私が仕事をしながら子どもの面倒を見ていると言うと、まだまだ甘い、子どものためにすべてを犠牲にした女性が多いんだという顔で私を見るんです。自分の問題としてだけじゃなくて、社会問題として考えるようになりました。

優衣　どうすれば良いのでしょうか？

兵藤　障がい者問題は個人では限界があります。民間ではなく行政が考えなくてはとお思うようになりました。私は港区に住んでいるのですから港区の行政に働きかけなければならないのですが、個人として活動しても限界がある。そのためには区議会議員になって働き掛けなければと思いました。それが立候補するきっかけです。

優衣　選挙に出ることをご主人はどう思われましたか?

兵藤　反対でした。でも私は決めた以上は変えません。そこは頑固なんです。でも当選したら、主人も喜んでくれましたよ。

優衣　それは良かったです。二〇一五年に当選されて、一九年に再選されていますが、最初のテーマだった障がい児問題に関して、議員としてどこまで出来ましたか?

兵藤　地域の中での成果として、港区立障害保健福祉センター内で、障がい者が働いた後の居場所を実現しました。これは手をつなぐ親の会の会長をはじめ、特別支援学校と特別支援学級に通っている方々の署名のおかげで予算要望が出来て実現に至りました。私より周りの方からの要望のおかげです。学齢期の障がい児は放課後デイサービスという制度があります。これは区立小学校の学童保育と同じような役割をします。子どもたちの放課後の居場所です。特別支援学校を卒業した障がい者は福祉事務所等へ就職しますが、終了時刻が十五時くらいです。その後は直接自宅に戻るケースが多いのですが、知的障がい者は一人で戻れない場合が多く、ヘルパーさんが就労場所に迎えに来て、親の帰る時間に送り届けるのが通常です。しかし、親もフルタイムで働いていると四時や五時には帰宅出来ない。また、ひとり親だと勤務時間を生活のために短縮出来ないので、障がい者が就労した後の居場所を作ってほしいということでした。この要望者が非常に多く、また親の会の会長も現在の母親の就労状況を理解して下さり、一緒に署名を集めて下さいました。これらの協力を基に障がい者の就労後の居場所つくりが実現しました。これからの課題は区立の施設だけでなく、港区の各方面に障がい者の居場所が出来るように取り組んでいきます。

　他の課題として単に障がい児だけではなく、認知症も含めて弱者問題全般に取り組むべきだと考えています。何をするかですが、一つは行政に働きかけて弱者問題で活動している団体を支援することです。特に認知症はますます大問題になっていますので、認知症に取り組む民間団体に対する支援を獲得することです。さらに、認知症の女性が口紅を注すだけで『お嫁さんに行こうかしら』なんて言うんですよ。そこに認知症対策のヒントがあるかも知れないと思って、私はメーキャップ・アーチストの資格を取りました。認知症の女性にメーキャップをして問題解決の糸口を見つけようとしています。また、認知症の人がお店に入って買い物をしたり、喫茶店に入ってお茶を飲んだりすると、回復する可能性があることにも気が付きました。そのためにはお店の協力が必要です。港区は一部に認知症協力店が出来ました。しかし港区全体で取り組めないか、社会全体で取り組めないかと働き掛けています。議員と言えども一人で出来ることではありません。考えが一致する議員や支援者と一緒に進めています。それは障がい者や認知症などの弱者を一個人として、存在価値と権利があるということを認めることであり、私が議員になる前に願った共生社会の実現です。

優衣　実現したいですね。

兵藤　それから、子どもや若者の自殺が増えています。この十数年の間にじわじわと貧困家庭が増えていますし、自立したはずの若者もコロナで仕事を失ったり、希望を持てなくなっています。その上仲間の繋がりがなくて、相談も出来ず孤立しているのです。そういう若者や子どもが相談出来るように『いのちの電話』を充実しなければと思います。死のうと思っている若者を、電話で話しを聞いてあげるだけで救える可能性もあるんです。さらに経済問題だったら経済支援を紹介したり、就職に繋がる道を見つけて上げることが出来る仕組みを作らなければと思います。

優衣　大変な活動ですね。

兵藤　もう一つ、大変な問題があります。ヤングケアラーの問題です。

優衣　最近知ったのですが、子ども十七、八人に一人が親のケアをしているそうですね。

兵藤　そうなんです。親も孤立化して周りに相談出来ないまま鬱病になったりして、小学生なのに買い物や食事も作らなければならなかったりしています。それなのに子どもはSOSを出すことも出来ないのです。学校の先生にも相談が出来ないし、周りの人たちも気が付いているのかいないのか、余計なお節介はしたくないと思っているのか何もしない。学校の先生は相談されても何も出来ないのが現状です。親にも学校の先生にも相談出来なくなった子どもたちを見つける仕組みを作ることから始めなければと思いますね。

優衣　一刻も早く実現したい活動ですね。

兵藤　そうなの。助け合う社会を作っていきたい、行政はリードして行かなければという思いで区議会議員活動を続けているのです。前へ進めなくてはね。でも行政は慎重ですから、優衣さんのような若い世代がその気になって活動に加わってくれなくては進まないわ。

優衣　分りました。それこそ前向きに考えます。

兵藤　そうよ、前向きにね。

優衣　もう少し議員生活のことをお聞きします。年間を通して、家族との時間などはどういう状況でしょうか?

兵藤　息子の送り迎えや食事問題は主人との連携でなんとかスケジュール調整しています。ただ、家族旅行には議員になって六年間、一度も行っていません。主人と子どもたちは旅行に行きましたが、私は行けませんでした。

優衣　旅行に行く二、三日も休めないのですか?

兵藤　取り組んでいる問題で区民の方々と連絡を取り合っていますから、東京を離れることが出来ない状況なのです。

優衣　議員って忙しい仕事なんですね。

兵藤　取り組む問題が多ければ多いほど忙しくなるのです。議員に選ばれた以上は忙しくて当然だと思います。

優衣　兵藤さんは真面目な人ですね。改めて感じました。

兵藤　自分が選んだのではなく区民に選ばれてなったのが議員という仕事ですから、真面目になって当然です。

優衣　そうですね。議員という仕事の原点ですね。

四　国の政治、そして日本社会に思うこと

優衣　議員の原点として国会議員に思うことがありますか？

兵藤　国民に選ばれて議員になったのですから国民の立場で考えて行動するのが原点だと考えます。しかし、逮捕される事態などそういう議員ばかりではないのが現状なので、国民が政治に期待を持てなくなっているのじゃないでしょうか。総理大臣が代わって担当大臣が代わっても根底に流れているものは変わりません。政府が変わらないから中央官庁も変わりません。国民のためという原点を考える時、政権交代でもない限り変わらないと思いますが、野党もどこか自分のために動いているところがあって、気合を感じないというか、力不足を感じます。でも諦めるわけにいきません。区民一人ひとりの力で区を変えることが出来れば国を変えることに繋がると信じて活動しています。急がば回れなのかも知れませんが、いずれにしろ、諦めないで変える意思を持ち続けたいのです。

優衣　政治が悪いからでしょうか、貧困問題、失業問題、若者は希望を持てなくなり、刹那的になっています。コロナ問題も後手後手になっている気がします。これは社会問題じゃないでしょうか？

兵藤　その通りです。コロナで問題が露呈してきていると思います。これも、今私が取り組んでいる弱者と一緒に考え共に生きる精神で一人ひとりの声を引き出して、一つ一つ解決して、悪いことを潰して良いことを育てていく。それが日本社会を変えていくと信じて地道に活動していくしかないと思っています。

優衣　時間が掛かりますね。

兵藤　無理だと思って何もしなければ只々時間が流れて行くだけですが、諦めずに一つずつ積み重ねていくと変わりますし、そういう精神と活動が人から人へ伝わり広がって行くと変化が起きるかもしれません。起きると信じて活動するしかありません。

優衣　そうですねそうですね。なんだか静かなエネルギーが伝わってきます。

兵藤　そういうエネルギーを人から人へ伝えていくとだんだん伝わるスピードが上がっていきます。ある日、日本のあちこちから声が上がって、信じられない奇跡が起きる。日本が変わる日が来る。そんな馬鹿なことと言われても、諦めずに活動を続ける。それが日本を変えると信じましょうよ。

優衣　はい。それから、これも社会問題かと思いますが、男女の差別問題。兵藤さんは差別の無い会社で社会生活をスタートしていらっしゃいますが、社会の現実はまだまだ差別意識が根強く残っていると思いますが、どう思いますか？

兵藤　オリンピック組織委員会の森会長問題で表に出ましたが、表に出さなくても内心は同じように思っている男性は多いですよ。

優衣　どうしたら良いでしょうか？

兵藤　今の時代、男女で分けるのはおかしいことですが、（性自認の問題など）男性と女性は違う存在で、男性に無いものを女性は持っているし、女性に無いものを男性は持っているのです。だから役割りを分担して生きて行かなくてはと思います。家庭も、組織も、社会全体もそうだと思うのです。ところが、これは男の仕事だとか女の仕事だと固定観念で決めている人が多いのです。男の仕事と言われてきた仕事でも女性がすることで新しい可能性や幅が出て来ることもあると思います。そこを変えて行くことを地道に続けて行くしかないと思いますね。私は何ごとも周りの調整をしながら進めて来ましたが、目標は変えませんし最終的な決断は自分がしました。これからは古い固定観念を打ち破ることを続けて行かなければと思います。特に優衣さんのような若い世代は揺れずに頑張って欲しいと思います。

優衣　頑張りま〜す！

五　魅力的な女性でいること、若い女性たちへ

優衣　人間は魅力的であり続けることが大切であり、そういう魅力的な女性にインタビューすることで、どうすれば良いかを考えるのがこの本の企画意図だと高畠プロデューサーが言っておりますのでお聞きします。最初にどういう女性が魅力的だと思われますか？

兵藤　男女は関係なく、外見より内面的なことが大切ですね。自分なりの価値観を持っていることだと思います。でも自分の価値観を他人に押し付けてはいけないと思いますし、人それぞれの価値観があるのですから、それをよく聞いて価値観の違いを分かり合えば良いのだと思います。自分の価値観を相手がどう思うかを気にしたり、相手に合わせて自分の価値観を誤魔化したりする人がいますが、そういう人は魅力がないですね。

優衣　価値観というのをもう少し教えて下さいませんか？

兵藤　生き方や社会の在り方の何に価値や意義を認めるかということです。人それぞれが違って当然ですし、日常生活の中でも、例えばプレゼントを貰ったとします。プレゼントされた品物の値段で判断する価値観もあれば、値段は安くても手作り品とか手に入れるのに手間暇掛けてくれたことに価値観を見出す人もいます。そこにその人の人間性や生き方が見えて来ると思います。

優衣　自分なりの価値観は誰でも持っていませんか？

兵藤　案外確立していなくて、周りに合わせているだけの人が多いと思います。だからしっかりとした自分の価値観を持っている人は魅力的なのだと思います。

優衣　なるほど。それから外見も魅力の一つではありませんか？

兵藤　そうですね。自分なりの価値観で外見にも気を配りますし、内面的なものは外見にも表れると思います。

優衣　その点で、兵藤さんが日常で気を付けていることがありますか？

兵藤　一週間に一度、ストレッチ&ダンスの教室に行ってます。身体も心も柔軟にすることです。最初は元上司だった人の紹介で通うようになったのですが、私より年配の方の身体の柔らかさにびっくりでした。忙しく動き回っていてもバランスよく体を使っていないことが分りました。仕事を離れた時間と交流を持つことで心も柔軟になります。それから季節や状況によって洋服を変えるようにメイクも変化を付けています。

優衣　お化粧の季節感ですか。私も意識的に考えてみます。

兵藤　そういう繊細な意識を持つことが魅力アップに繋がると思います。

優衣　最後に若い人に何か伝えたいことは？

兵藤　年齢に関係ないと思いますが、人の話を良く聞いて学ぶことです。そのうえで、自分の価値観と意志を持って決めていくことが大事だと思います。そうすれば間違ったとしても、人のせいに出来ませんし、なぜ間違ったか良く分ります。その価値観ですが、自分の欲望だけの価値観じゃなく、社会全体のことを考えた自分なりの価値観を身に付けてほしいと思います。

優衣　そうかも知れませんね。努力します。

兵藤　それからもう一つ、前向きに考えること。そうすれば未来は開かれると信じて生きて行きましょうよ。

優衣　そうですね。ありがとうございました。

インタビューを終えて

兵藤祐子さんが女優を目指していたと聞いて、最初に惹きつけられた理由が少し分った。女優という仕事は頭が良くて感性が優れていないと出来ないし、人間や人生に興味がなくては出来ない。そういう女性が肉体と声を訓練して表現技術を磨くので、無駄のない身体と豊かな内面が出来て行く。だから女優は不思議な魅力を発揮する。女優を目指した女性は女優にならなかったとしてもそういう要素を持っているので、どこか違う不思議な魅力があるのだ。兵藤さんに惹きつけられた理由はそこにあったのだ。

兵藤さんは戯曲を多く読んでいるようだ。戯曲は悪人や差別を描いていたとしても、作者は悪人や差別を褒めたたえているのではなく、どういう人間が悪人か、どういうことが差別かに気付いてほしい、許してはいけないのだという思いを込めて書いている。戯曲を読みこなして自分のものにしている兵藤さんは現実の社会で悪人や差別を見つけ出し、許してはいけない気持ちで活動している。そういう兵藤さんの活動に私は共感を感じる。

区議会議員というのは区民のために政策を立案して、行政と交渉して実現していくのが仕事だが、その中でも一番大変な弱者のための福祉政策の実現を目指すという地道な活動を兵藤さんは続けている。そこにあるのは弱者には普通の人間とは違う存在価値があるという価値観であり、差別意識は恥ずかしい愚かさであり、許してはいけないという強い意志である。女優が戯曲を読むときは登場人物が自分の中に入って来て、その人物として活動したくなる。そうなったときの女優にあるのは自分の損得勘定ではなく登場人物の活動そのものだ。そこには周りが驚くほどの集中力とエネルギーがある。兵藤さんの区議としての活動にはそういうパワーがある。区民にとって最も必要としている区議会議員の一人だ。兵藤祐子港区議会議員の今後の活動に期待している。

兵藤祐子プロフィール(二〇二一年五月現在)

港区議会議員／立憲民主党(会派：みなと政策会議)所属委員会／総務常任委員会、行政政策対策特別委員会委員長。

東海大学文学部日本文学科卒業。中学・高等学校教諭免許取得。男女の双子の母。男児が知的障がいの自閉症と診断を受け、育てる中でこの国の生きにくさを痛感し、区議会議員になる決意をする。社会人生活では化粧品会社などで十年以上勤務。認知症予防として化粧療法化粧療法があることを知ってメイキャップ・アーチストの資格取得。高齢者がイキイキと長生き出来る暮らし健康長寿延命を提唱。誰もが共に住みやすい街、港区をつくることを目指す。港区は集合住宅が九割という現実もあり防災士資格を取得。高層マンション防災や地域防災にとり組む。港区防災女子会にも参加。最近はベンチャー企業を応援し、起業家支援やコロナ禍で支援が不足している中小企業や個人事業主、飲食店応援に励む。

政策提言▼

＊防災に強い街！　港区

＊健康長寿延命！　シニアがイキイキと暮らしを楽しめる街！

＊障がい者の就労支援！

＊子育て支援・国際理解教育の推進！

＊多様性社会推進

その他▼

＊みなとバラの会(港区精神障がい者家族会)会員

＊港区手をつなぐ親の会(知的障がい者の親の会)会員

＊都立青山特別支援学校元ＰＴＡ副会長

＊一般社団法人あしたの働き方研究所会員

七　吉川雅子さんのこと

吉川雅子さんに最初にお会いしたのは数年前、ある俳優養成所が主催した勉強会を兼ねた朗読と音楽パフォーマンスの公演会場だった。私はアドバイザーとして参加していただけで、吉川さんがどういう流れで参加していたのかは知らなかったが、朗読ゲストで参加していて、横浜のラジオで番組を持っている人ということで紹介された。挨拶だけでお別れしたがこの女性とはもう一度お会いしたいと思った。なぜそう思ったかは定かではないが、私の直観力がそう指示した。

その後、何か催しや公演があると案内させて頂いて何度かお会いした。この人は何を考え何をしているのか？　その時の催しなどに関する会話では実に明確で分かりよい。しかも自分の専門職的な垂直思考ではなく水平思考で話してくれるので納得がいく。しかし、ますます何が本業なのか分からなくなる。五十年ほど前、オバQの声優曽我町子が歌った『謎の女B』という歌を思い出した。デビュー前から曽我町子を知っていて、その後も付き合いがあったから謎などない彼女が謎の女を歌うのかと思っていたが、その後私も成長して女性の謎は深まり、私の奥さんも謎だらけだと気が付いた。なぜこんな話をするのかというと吉川さんほど謎の女性はなかなかいないと思ったからだ。謎めいた女を演技して人を惹きつけようとプリテンドする女性には何人かお会いしているが、吉川さんは開けっぴろげで隠さない。吉川さんは無駄話をしない。それなのに謎を感じる。

吉川さんにこの本の企画を話して了解して頂いたが、その時、インタビューを録音して置いた方が良いのではないでしょうかと提案された。インタビュー相手の生の声が残っていれば後で役立つかもしれませんよとおっしゃる。機材やスタッフを頼む予算が無いので難しいと言うと、機材は持っているし録音は私がしますとおっしゃる。なぜそれも出来るのか？　また謎が増えた。

吉川雅子さんは特別女性らしいオシャレはしないし女性的な話し方もしないが女性的な魅力を感じる。結婚しているようにも見えるししていないようにも見える。今回のインタビューでその謎は分かるのだろうか？

インタビュアーは青年劇場の女優傍島ひとみさんにお願いした。彼女はある日、偶然観た演劇に興味を持ち、女優になりませんかと声を掛けられて、突然勤めを辞めて上京、女優を目指して修行に入った。そして六十年以上地道に活動を続けている劇団《青年劇場》の女優になった。彼女のチャレンジ精神と行動力が吉川さんと通じるところがあるのではないかと感じて急遽お願いした。そんなひとみさんのインタビューで吉川さんの謎は解けるのだろうか？　（二〇二一年三月十九日収録）

一　子ども時代から上智大学、オーストラリアの大学院へ

傍島ひとみ（以後ひとみ）　初めまして。傍島ひとみと申します。

吉川雅子（以後吉川）　吉川雅子です。よろしくお願いします。

ひとみ　最初にお聞きしたいのは、どういう子ども時代だったかということです。小さい頃の家庭環境は人間形成やその後の生き方に影響があるのではないかと思いますので、最初に小学校時代までお話し下さい。

吉川　自営業の家で三人姉妹の末っ子として生まれて、私はお勉強の好きな子だったかな。学校が好きだったのかな。小学校の時は、確か三年生頃だったか、テストの点数がちょっと低かった子に土曜日の午後に補習みたいなのをして下さる先生だったんだけど、私はテストの点数では該当していなかったけれど、補習に出たいって言って出ていました。

ひとみ　自分からですか？

吉川　私は学校や勉強が好きだったんだと思う。そのせいか学校の先生になりたいと思うようになってましたね。小学校六年生の二月からは英語塾に行かせて貰ったりして英語が好きになりました。

ひとみ　英語？　その頃からインターナショナル、すごいですね。

吉川　いえいえ、今はもっと小さい頃から英語を勉強している子はたくさんいるし、その時も、そ

の英語塾に私は小学校六年の二月から入れて貰ったけど、他の子たちは六年生になってすぐ四月からやっていて、もう当時中学一年生の内容がほぼ終わっているくらいだったのに、私はそこからABCを始めましたからね。でも英語の勉強は楽しくて、英語の先生への道を考えていましたね。だから高校は、英語がたくさん勉強出来る普通科じゃない高校に入ろうとしたんですよね。

ひとみ　普通科じゃない？

吉川　でも入りたい高校は求められる成績が高くて、内申点はなんとか良いけど、入試で良い点を取らないと厳しいというような感じだったんですよね。

ひとみ　どうしたんですか、それで……？

吉川　そこを受けるなら、私立の学校も受けないとダメとかになってですねえ。それで、その英語塾の先生を通じて、高校での留学とかの話も聞いたりして、そういうのもあるんだと知り……結局、その学校への願書の下書きまで書いておきながら、最終的には家の近くの普通科の公立高校一本で受験しました。

ひとみ　それで、その高校に入って高校留学をしたんですか？

吉川　そう。高校二年の夏にアメリカに行きました。それが実は大きく方針転換をするきっかけになったんですけどね。

ひとみ　アメリカの何処へ？

吉川　ミシガン州の田舎町。横浜では好き勝手に電車で移動していたのに、移動はスクールバスと車だけで公共交通機関もなくて。高校生たちは、日本という国が何処にあるのかも知らない。中国と日本の区別も付いていないし、東京とか横浜と言っても何も知らない。ゴジラに襲われた街と言ったら分かってくれたけど。日本のことはよく知らなくて、でもパールハーバー記念日には、日本も祝うのかと聞かれたり。如何にアメリカの田舎では日本が知られていないかを知ったし、自分も日本のことを知らないなあということに気付かされました。

高畠コメント
ハワイのパールハーバーを日本の海軍航空隊が襲撃したのは一九四一年十二月八日(アメリカ時間では七日)、日本から不意打ちを受けたことによって参戦反対だったアメリカ国民が怒り、賛成に変わった。従ってその日を記念日として祝っている。ところが五十年後に機密文書公開というアメリカの法令によって公開された当時の文書で、政府及び軍の最高幹部は日本軍の奇襲作戦を事前に傍受していたことが分った。米軍は防御出来たのに国民の意識を賛成に変えるために防御しなかったことが判明したのだ。以後、徐々に記念日を祝う空気は下火になっているらしい。

ひとみ　高校生の留学は一年間ですよね?
吉川　そうです。高校二年一学期の終わりに行って三年の七月に帰ってきました。それまでなら二年生に復帰するのですが、その年から三年生への進級が可能になって、私は三年生になりました。だから日本の高校生活は実質二年間で、修学旅行も体育祭も経験してないなあ。
ひとみ　三年生の七月だと、すぐ大学ですね。どういう方針で大学を選びましたか?
吉川　留学を機に、英語をツールとして使って日本のことを伝えたいと思うようになったので、英語学科ではなく、英語を使いながら日本のことを学べる大学が良いと思って探しました。そうしたら当時は上智大学の比較文化学部しかなかったんですよね。七月に帰国して九月に実施される入試だったから勉強する時間が十分でなくて見事落ちたけれど、十月からの秋入学もその頃からあってね。もう一度挑戦したいと思ったから他の大学は一切受けずに、五月の試験を受けてなんとか合格しました。結果として、高校も大学も一校しか受けないということになりましたね。

ひとみ　それはすごい！

吉川　いやいや、融通が利かないというか、頑固というか……。

ひとみ　大学では、どんな感じでしたか？

吉川　大学はとってもインターナショナルで英語と日本語をミックスしながら話すことが多かったし、授業も英語で行われたりでなかなか大変だったけど、私は日本語日本文化学科で日本語教師のための勉強みたいなものが多かったので、後半は日本語での授業もありました。他の学部生と一緒のサークルも入っていたし、高校留学の帰国生の活動なども頑張ってやってたし、充実してましたね。

ひとみ　大学を卒業して、すぐオーストラリアへ留学したのですか？

吉川　秋に卒業して翌年七月に行きました。オーストラリアは日本語教育が盛んなことと、上智の時の教授がオーストラリアで教えていた先生だったりして、東海岸ブリスベンのクイーンズランド大学大学院に行きました。今思えば、誰も知らない中、今みたいにそんなにインターネットで何で

インタビュー取材中の吉川雅子さんと傍島ひとみさん

も出来るわけじゃない中で、よく行ったものだなとは思うなあ。

ひとみ　どんな大学院でしたか？

吉川　各国から学生が集まっていました。香港や韓国からの人やタイの大学の先生も学生として入学していました。

ひとみ　大学院では何を学んだのですか？

吉川　外国語としての言語を教える勉強。母国語としてではなく、外国語としてね。私は外国の人に日本語を教えるということを扱ったけど、言語教育としての理論はどの言語にも通じるものがあるからね。

ひとみ　留学は何年ですか？

吉川　大学院自体は二年だけど、オーストラリアには二年半いました。

ひとみ　それではお帰りになってからの仕事に関してお聞きしたいと思います。

二　フリーランスで仕事を開始、日本語学校の先生から事務局長まで

ひとみ　通常なら帰国すると就職探しに入りますね。どうされましたか？

吉川　大学の留学生センターとかで日本語を教えたりするのかなと思ったりしていましたが、まずは、あちこちの日本語学校で教えるようになりました。

ひとみ　就職ですか？

吉川　受け持つ授業だけ教えるという契約です。主に中国や韓国からの学生に教える学校もあれば、ロシアやインドからのエンジニアさんや学者さんに教えることもありました。いわゆる今でいうフリーランスですね（笑）。当時はそんな風には言いませんでしたけど。

ひとみ　フリーランスで日本語学校ですか？

吉川　はい、あちこちで教えましたが、徐々に日本で進学を希望する学生たちが通う日本語学校に絞られていきましたね。当時は日本に来て日本語学校へ通いながら夜はアルバイトをして、という学生が多かったので勉強に集中できない学生もいたりしました。そして、日本語教師と別にその頃から、家で幼児から小学生向けに学習塾を始めたかな。

ひとみ　え、学習塾ですか？

吉川　そう、うちでね。幼児から小学生に算数と国語を教えてました。今でいうパラレルワーカー

（笑）
ひとみ　え、それって二十年とか前ですよね。
吉川　そうですね。二足の草鞋は好ましくない、一つに集中するのが好ましいと周りでは言われていた時代だったかなあ。実際に言われたこともあったけど、でもやってた（笑）
ひとみ　そんな時から、最先端ですね。
吉川　いやいや……その内に日本語学校の方でも授業以外の教務や学校全体のもろもろのことを手伝わないかと言われて手伝うようになって、最終的には学生指導や学校運営に関わる事務局長になってしまいましたね。
ひとみ　事務局長？　それでもパラレルを続けられたのですか？
吉川　そうなの。だから日にもよるけど、午前中は日本語学校に行っていろいろ仕事して、午後は塾やるみたいな。今思えばそんな中で使ってくれてた学校が先駆的でしたねえ。
ひとみ　それで、今の喋りの仕事とどう繋がるのですか？
吉川　え〜とですね。日本語学校で仕事してちょっと落ち着いたかなと思った頃、文章読んだりするのが好きだったし、授業でも生徒に読んで聞かせたりするから、ちょっと勉強しようと思ってカルチャースクールに行くぐらいの気持ちでナレータースクールに行ったんですよ。そしたら周りは、声優目指してますっていう人がほとんどでびっくりした。
ひとみ　いろいろやって忙しいのに？

吉川　そうねえ、でも週に一回だけだったし……で、二年でコースが終わるんだけど、二年では私自身は、今一つ消化不良で、もう少しやってみたいなあと思ったんですよね。周りの人は、また別の声優養成所に行く人とかいたけど、私はそこまでではなく、あと少しやってみたいなあって思って、あと一年続けさせて下さいってお願いしました。前例がなかったけれど許可して貰って、結果的に三年通って、その後その事務所に所属タレントとして所属することになりました。
ひとみ　そこでも先駆者ですね！
吉川　それ程でもないけど、その後、三年やる人が増えたらしいです（笑）
ひとみ　忙し過ぎてストレス溜まりませんか？
吉川　まあ、好きなことやっているだけだからストレスが溜まるのはあまり感じなかったかなあ。でも、事務所に所属してた時に演劇の公演とかに出たりしたから、その公演中は日本語学校に行けなかったから、その日の公演が終わってから夜中に学校に行って事務処理とかして、終電で家に帰ってまた翌朝は公演の劇場に行く……みたいなこともしてたり、確かにハードではありましたね。
ひとみ　え〜ッ、体力的に大丈夫だったんですか？　私は三十歳になってから、ちょっと不安があるんですけど。
吉川　う〜ん、それはあまり感じなかったかな。やりたいことやってるから続いたのかもしれないね。でも、活動していくうちに、日本語学校での立場と声の事務所の仕事のバランスを考えるようになって。日本語学校で教えること、いわゆる教育というのは相手があってすることでしょう？

ひとみ　そうですね。
吉川　自分が一生懸命教えて、相手が日本語が上手になるとか成長していくのが喜びだけど、やっぱり相手次第のところもあって、自分がやることがそのまま良くも悪くも評価される仕事をしたいと思うようになったんですよね。日本語を教える仕事はまたもう少し年齢を重ねたら戻ればいいかなとか思ったりもして……。
ひとみ　それで日本語学校離れたんですか。何年ぐらい前のことですか？
吉川　十五年くらい前かな。
ひとみ　三十代半ばですね。それでフリーで声の仕事をするようになったんですか？
吉川　それから二年ぐらいは事務所にいたかな。でも何でもやってみようと思ってフリーになりました。それからは、ブライダルの司会もやったりいろいろやりました。ある日、ラジオ日本のパーソナリティ募集を見つけて、ラジオなんかやったことないのに応募したりして。
ひとみ　その行動力がすごい！

三　ラジオ局で活躍、キャスター、朗読家、ナレーターとして

ひとみ　結果はどうなりました？
吉川　結果的に採用になって、いきなり三時間の生放送の番組がスタートしました。

ひとみ　え、そうなんですか。それにしても、それまでの生き方から考えてラジオの仕事とはびっくりです。

吉川　私だってびっくり。学生時代からラジオの仕事をしたいと目指して来たわけではないからねえ。ひとみさんは学生時代から女優を目指していたの？

ひとみ　いいえ。普通のOLとして勤めていた時に芝居を観て興味を持ち、いきなり女優やってみないかって声を掛けられて女優を目指すことになりました。

吉川　あっ、一緒。人生が変わるタイミングってあるよね。で、その頃はまだ学習塾もやってたから、お手伝い頂ける先生をお願いしたり、時間の調整したりいろいろしながら、ラジオをスタートしましたね。そうしたら意外と面白かった。それで半年ぐらいした頃、横浜のコミュニティ・エフエム放送局が開局するというのを見つけて、それは社員募集だったんだけど、社員になるつもりはないのにプロフィールを送ってみました。

ひとみ　社員に応募ですか？

吉川　いやいや、ラジオ番組やってたし、学習塾もやってたでしょ、社員にはなれないけどラジオ局が出来るということは番組が出来るわけで、当然パーソナリティが必要になるんじゃないかなと思って、社員になれませんが……って書いて送った。

ひとみ　社員になれませんがという応募ですか(笑)、どうだったんですか？

吉川　二、三カ月後に連絡が来て、面接に行きました。私は知らなかったんだけれど、その頃地域のパーソナリティ募集があったようで、行った時に、社員募集の時に応募してきたよねって言われた（笑）。私の応募書類を取っておいて、パーソナリティ募集のタイミングで呼んでくれたということですね。朝の番組を担当することになりました。
ひとみ　その時は、もうしゃべりの仕事一本になったんですか？
吉川　まだ、塾はやってましたね。それから数年は。ラジオ局の方でも番組だけじゃなくて、他の業務もやってほしいと言われて手伝うようになって……。
ひとみ　あれ、また同じような流れなんですね。
吉川　そうね。日本語学校の時みたいに、様々な仕事をするようになったんですよ。取材、番組制作、営業、企画などいろんなことやりましたね。
ひとみ　私も劇団で女優として出演しない舞台では録音のスタッフをします。創るという意味ではパートは違っても共同作業の楽しさはありますね。
吉川　そうだね。だんだんラジオ局での仕事の割合が大きくなって、夢中で働きましたね。一時期は放送部長という肩書きまでいただいて。
ひとみ　えッ、社員じゃないのに放送部長？
吉川　そうなの。ラジオ以外で朗読教えたりナレーションの仕事をしたりしていたから、契約にさせて貰っていた。
ひとみ　そんなことがあるんですね。今は、在宅で仕事出来ますから自分なりの時間配分が出来ます。正式に二つの会社に勤務することも可能な時代になりました。コロナがその流れを早めましたね。吉川さんは十年前にそんな感じだったんですね。

吉川　そんな大げさなことじゃないけど、チャンスを与えられたのでやってみたという感じ。朝の番組をやってたから、前の日夜遅くまで仕事しても、朝六時に局入りして仕事して、土日も普通に取材に行ったりして働いていたし。

ひとみ　休みはなかったんですか？

吉川　休みね……休みの定義が難しいよね。日本語教師の時だって、学校で授業がない時はうちで授業の準備をしたり学生の作文を添削したりしてたから、特に休みっていうのを意識してなかったし、うちが自営業だったから土日も休みじゃない環境で育ったし、家族みんなそうだったから、一般で言う『休み』がなくても不満に思ったりもなかった。

ひとみ　身体を壊しませんか？

吉川　好きな仕事をしていてあんまり無理してって感じはなかったからねえ。

ひとみ　好きな仕事に熱中する。それが健康に生きることですね。

吉川　意識してませんがそうなのかも知れませんね。

ひとみ　でも、好きな仕事で生活出来ないことの方が多いのじゃないでしょうか？

吉川　そうですね。それは感謝しています。私は、何でもやってみようという気持ちで、まずはやってみますね。そのまま上手く形になっていくこともあり、いかないこともあるけれど、まずはやってみないと結果が出ないから。私は好きな仕事のいくつかが形になって行っているという状況なんじゃないかなと思います。

四　NPO法人・声物園設立とこれから目指すこと

ひとみ　『声物園』を設立した意図というか目的を教えて下さいませんか？

吉川　それまでのいろいろな活動の中で、朗読をしたり教えたり、公演やったりしていたんですよね。それぞれがグループを作って朗読活動とか頑張ってやっている仲間も居たので、社会貢献出来る活動にしたらいいんじゃないかとか思って、NPO法人にしました。物語を人の声で伝えることの大切さを感じていたし、ほら、人の声って、指紋と同じように唯一無二ですよね。いくらAIが出来ても人の声のぬくもりというのは大切にしたいと。それで人の声にこだわって、人の声で物語を届ける楽しい場所という思いで、声物園とつけました。人の声で伝えることを大切にしたいと思いますし、朗読を通して多くの人にいろんな物語に触れて貰い、心豊かな社会を創ることに貢献出来たらと思っています。

ひとみ　その声物園の活動に英語を使ったというのはあるんですか？

吉川　ないですね。英語はツールだと思っているので、今はそのツールがなくてもいい状況にいるので、特に使ってないですね。でも昨年から、実はコロナ禍というのもあって、オンラインレッスンとかの要望もあったので、日本語教育を再開したのです。必要とあれば英語を使って説明するというのはやってます。

ひとみ　なるほど。それじゃあ声物園の活動は、日本語で楽しくお話をという感じなのですね？

吉川　そうですね。まあ、やっぱり特に感じるのは最近の日本語力、国語力っていうのかな、の低下なんですよね。それは以前から多くの人が声を上げていることですけど、危機的状況じゃないかなと思うんです。私は、日本語教育として外国の人に日本語を教えていますけれど、今急いで取り組まなければいけないのは、日本人の若者たちに向けての日本語教育じゃないかなと思うんですよね。いろんなことを考えるのは言語なんです。考えるだけじゃなく、感じるのも伝えるのも言語なんですよね。だから言語力が貧弱になると、全てが進んでいかなくなると思うのです。二十年後に社会の中核を担う時に難問が降りかかってくるかも知れない。その時に、議論したり考えたりするツールが言語なので、それを今、きちんと若者たちに残して置かないといけないのじゃないかなと思うんですよ。

ひとみ　そうか、日本語もツールとして学べば変わって行くのかなとちょっと思ったのですが、声物園で出来ることは何でしょうか？

吉川　声物園でもいろいろな物語に触れて貰ったりすることで、日本語を学ぶ一端を担うことが出来るかも知れませんが、私個人としてはずっと日本語教育とか子どもたちの教育に携わってきていて、日本には日本語教育と国語教育があって、もちろん国語の授業で言語力を上げていける子は良いのですけれど、例えば外国人向けの日本語の能力試験ってあるんですけど、果たして日本人の高校生や大学生は一級や二級に合格出来るのかと考えた時に、ちょっと心配になることもありますね。

ひとみ　もしかすると、外国人の方が日本語が上手とか？

吉川　そうですね。そういう状況も有り得るかも知れませんね。豊かに言語を使えると考えることも豊かになる。だから、場合によって日本語教育的な視点を入れさせて貰ったことで、言語力強化に貢献できないかなと思っています。

ひとみ　それって、ここ数年思い始めたことですか？

吉川　日本語力についてはずっと思っていますけど、最近とみに感じるようになりましたね。最近の社会の動きとか報道とかを見たりして思いますけど、日本は若い世代が夢と希望を持ってやる気になる社会を創らないといけないんじゃないかなと思うんですよね。特に東南アジアとかに行くと、アジアの若者たちの熱量が違うんです。それに比べて日本の二十代、三十代は良く言えば穏やかなのですが、熱量が少し低かったりして。コロナ禍で我慢を強いられていて、仕方のないことなんでしょうけれど、いろんな世代とコミュニケーションを取れるようになると少し空気が変わるんじゃないかなと思うんですよね。

ひとみ　私はその世代ですからよく解ります。感情が希薄な気がして、人間関係も薄い感じがしますね。人と人の交流の大切さ、コミュニケーションの大切さを伝えられるのは四十代から五十代のみなさんじゃないかなとは思います。

吉川　なるほど。そこでも人間関係ってやっぱり言語が必要で、言葉が出てこないとか理解出来ないってなると、それが躊躇する原因になってしまったりしますよね。学校などでも算数とか英語とかは習熟度別のクラスを作って授業するけれど、国語ではそういうのはなくて……でも実は、国語力というか言語力は、差がもの凄くあったりするんですよね。なので、その辺も変わっていくといいなとは思いますね。例えば職場などでも、『言った通り出来ない』と言ったりしますけど、私としたら言ったことが正しく理解されているのかどうかが疑問なんですよ。理解出来ているかどうかを確認するところから始めないと。社会全体でそういう言語に対する考えが変化していき、次世代に対して言語力を上げていくことに貢献していけたら良いなと思っています。

高畠コメント
ここで話されているテーマは、私が脚本を書くときにいつも考える問題。現代の若者たちを描く場合でもリアリティを考えながらも本来の綺麗な日本語を話す人物を登場させるように配慮している。ベテランの俳優は綺麗な日本語を見事に話してくれるが、訓練を受けていない俳優は本来の日本語ではないしゃべり方をすることがあるので、吉川さんが声物園で目指していることは大切だし、期待している。

五　なぜ独身を通すのか？　それから魅力的な女性とは

ひとみ　こんなことをお聞きして良いかどうか悩んでいるのですが、高畠プロデューサーから、吉川さんに聞きなさいと言われているのでお聞きします。

吉川　結婚とかの話ですかね？

ひとみ　はい。なぜ結婚なさらないのか？　高畠プロデューサーが言うには、男性から見ると吉川さんはビジネスパートナーとしては最高だし、彼女と結婚すると成功するって言うのです。吉川さんは結婚はしたくないのでしょうか？

吉川　結婚をしたくないとは別に思ってはいないですけどね。そういう人に会っていないだけですかね。自然に過ごして来たら今がある……みたいな。これからもどうなるか分かりませんけど。

ひとみ　自由なんでしょうかね。では、今回のインタビューで最後にお聞きしたいことです。この本のテーマでもありますが、吉川さんから見て魅力的な女性とはどういう女性でしょうか？

吉川　女性とか男性というより人としての魅力かなと思います。まずは自分の責任で行動している人。何か上手く行かなかったり失敗したりしたときに人のせいにするんじゃなくてね。

ひとみ　実際は人のせいの場合でも自分が責任を取るなんてカッコ良いですよ。

吉川　そうね。次に心、思いやりかな。

ひとみ　私が感じた吉川さんの魅力の一つって、自分で動いているが相手を思いやる心がある。最終的には自分の責任で動いていることですかね。

吉川　私は、ただ好き勝手に生きてきた感じですけどね。世の中にはいろんな事情で好き勝手に出来ない方も多いと思うので、好き勝手にさせて貰えているのは有難いなあと思っています。ただ、勝手にするには、時には責任だけじゃなく捨てなきゃいけないものもあるので、前に進みながらもその時のベストを考え判断していくのを心掛けてきたということですかね。今は、生き方が多様化しているから、いろんな選択があると思います。だからやりたいと思ったことはやってみると、どんな形でも結果は出ます。動かないと何も始まらないし、人の所為にしても何も変わらないから、まずはやってみたらいいんじゃないですかという感じですかね。

ひとみ　どんなことでも自分の蓄積になれば、無駄なものはないのですものね。

吉川　そうそう、ほんと、そうだと思います。

インタビューを終えて

インタビューが終わって吉川雅子さんの謎は少し解けました。何を仕事にしているのか？　日本語学校の教師、子どものための学習塾、ラジオ局のパーソナリティとスタッフを同時進行していたので謎に見えたのですが、今回のインタビューで明確になりました。答えは〈一、美しい日本語を再確認し、守り、英語をツールにして世界に発信する〉〈二、日本語を学ぶことが日本文化を理解することに繋がる〉〈三、言葉は聞いて話すことで本来の力を発揮する〉を一貫して推し進めてきたということです。そう考えれば、中学生の時に英語の先生になりたいと思い、比較文化として日本を世界へ発信することを学び、日本語学校と学習塾で教え、ラジオ局のパーソナリティやスタッフを務める。全てが繋がってくる。それの集大成として『ＮＰＯ法人声物園』を立ち上げたことも納得がいく。

彼女はパラレルに考えパラレルに学びパラレルに仕事をする。最近は世の中が不安定になり先行きが不安なので、パラレルな生き方をする人間も存在するようになったが、二十年以上前からそういう生き方をしていたというのは珍しい。それが出来るのは過去を振り返らない潔さと決断の速さ、前向きに考える姿勢、自分が参加している仕事と社会を客観的に観察して、決断してチャレンジする。そこに吉川雅子さんの魅力があるのではないだろうか。

吉川雅子プロフィール（二〇二一年五月現在）

一九七一年／横浜生まれ。NPO法人声物園理事長。日本語伝道師、日本語教師、ナレーター、朗読家、プロデューサー。日本コミュニケーション学会、言語文化教育研究学会各会員。保育士資格保持。上智大学比較文化学部日本語日本文化学科卒業。オーストラリア・クイーンズランド大学言語教育研究センター応用言語学（言語教育）修士課程修了。日本語教師として、中国、台湾、韓国、ロシア、インド、オーストラリア、ブラジルなどの様々なバックグラウンドの日本語学習者に日本語を教える。

二〇〇〇年／学研教室（学習塾）を開く。幼児から小学六年生までの学習指導を一三年間行う。ナレーター、ラジオパーソナリティとしても活動を始める。横浜のコミュニティFM放送局では、開局から一一年にわたり二〇二〇年まで在籍。パーソナリティとして、生放送番組のみならず対談番組、取材、MCとして活躍。その他編成や営業、番組制作、イベントプロデュースと幅広く従事する。また、フリーナレーターとして、教材やマニュアル、企業VPその他の幅広いコンテンツにナレーションを提供している。朗読家として、朗読公演プロデュースをすると共に、多世代に朗読指導を行っている。

二〇二〇年／NPO法人声物園を設立。朗読で心豊かな社会を創りたいという想い。一度、日本語教師の職を離れたものの、二〇二〇年よりオンライン指導の普及などにより、外国人に対する日本語指導を再開している。また同時に、日本で「国語」の学習をしてきた日本人の子どもたちの言語力の低下を感じ、WIPことば表現研究所を立ち上げ、言語力強化へ向けて、研究をするとともに言語教育について発信をしている。

〈各種コンテンツ〉

ナレーターとして、教材やマニュアル系コンテンツ多数。

企業ＶＰとして、「東京湾第二海堡」「横浜市防災対策」など多数。

ＴＶＣＭ「クラシック検定」

機械音声、アプリ用音声、電話音声他。

オーディオブック「スタンフォードの自分を変える教室」他多数。

朗読公演他／リーディング×ミュージック宮部みゆきワールド「時雨鬼」「安達家の鬼」

山本周五郎「朗読　おたふく」「SHUROGRO（湯治）」

99のなみだ（ニッポン放送）

ＷＩＰリーディングシアター

八　中前由紀さんのこと

中前由紀さんは私の友人の山本哲さんから紹介された。山本さんはハーバード大学の特別研究員FellowやEU大学院大学教授を歴任しているが、港区在住で港区のために積極的に活動もしていたので中前由紀さんとも面識があったようだ。美人議員を紹介したいと山本さんが言う。是非紹介して下さいと言うと、山本さんはQさん（高畠のこと）は美人が好きだからなあと言う。ところが私と山本さんの美人基準は違うし、山本さんの美人審美眼を私は信用していない。但し、私の演劇グループ《スタジオQ》は港区の支援を受けているのと区議会議員なら一緒に闘いたいことがあったのでお会いしたいと思ったのだ。

最初にお会いしたのは既に議員四期目に入っていたから四十歳を過ぎていたはずだが、少女のまま大人になった女性という印象だった。次にお会いした時には、次の議会で質問する質問状を渡してくれた。枚数が多いのでその場では読まないで後で拝読した。一字一句おろそかにしない質問状に驚いた。ここまで綿密な質問状を行政側に渡すと相手も綿密な答弁を用意するので、相手に隙が出来ない。そうなれば隠れた誤魔化しや矛盾点を追求出来ないのではないかと思ったが、中前由紀さんの真面目な取り組みには好感を持った。

ピアニストのト部裕里子さんを中前由紀さんに紹介したくなり、山本さんも交えて食事をした。ワインバーも併営する私のお気に入りのレストランだったが、中前由紀さんもト部裕里子さんもワインをほとんど飲まないのは残念だった。

私が「これからの企業や行政が発展するキーワードは『文化』だ」と話すと、文化活動には興味があるとか必要だと思っていると言う議員や経営者は多いのだが、演劇公演や音楽コンサート、有名ではない美術家の個展、写真展などに誘っても、「残念だけれど忙しくてなかなか行けないんですよ」との返事しか返ってこないことが多い。本当に文化が大切だと思っているかどうか、ちょっと話して見ると私には分る。中前由紀さんは違っていた。銀座の片隅の画廊で開かれた前衛美術家二人展に誘うと自転車でやって来た。彼女は美術に関して慧眼ではないが熱意を感じて嬉しかった。

私が中前由紀さんをなぜ魅力的だと思ったか？　インタビューをしても明確になるものではないかも知れないが、一生懸命真面目に生きている姿は分かるかも知れない。それが中前由紀さんの魅力なのかも知れない。

インタビュアーは聖マリアンナ医科大学二年生、木田未来さんにお願いした。霜鳥まき子さんの紹介だったが、初めて会って打合わせてすぐにインタビューに入った。育ちの良いお嬢さんという印象だったからどこまで出来るか心配だったが、中前由紀さんもお嬢さんなので、お嬢さんがお嬢さんにインタビューするのも面白いと覚悟を決めた。

（二〇二一年四月二日収録）

一　子どもから高校卒業までの京都時代、仙台の東北大時代

木田未来（以後未来とする）　初めまして。木田未来です。

中前由紀（以後中前とする）　中前由紀です。

未来　私は選挙権を得たばかりの医科大学二年生ですから区議会議員の方にインタビューするのはどうしたらよいか分かりませんし、戸惑っています。

中前　区議会議員は区民一人ひとりに意見を聞くのも大切な仕事ですが、今日はインタビューされる立場ですからなんでも聞いて下さい。

未来　最初に、ご家族のこととどんな子ども時代だったかを話していただけますか？

中前　京都で生まれ育ちました。家族構成は両親と弟です。母は心配性で、私は幼稚園の遠足にも行かせて貰えないほどでした。

未来　どうしてですか？

中前　バスで高速道路に乗って、万一事故に遭ったらどうしようと。長年授からなくてやっとできた子どもだったので、いつも心配していました。

未来　えッ！（と驚く）

中前　中学高校はミッション・スクールでした。エスカレーター式で大学まで進学できる学校だったので周りは全然勉強しなくて、私は真面目だったので焦りました。もっと勉強に力を入れてくれる学校に行けば良かったと後悔しました。

未来　私も勉強は大切だと思います。

中前　医大に現役で入るには相当勉強されたんでしょうね。

未来　はい。中前さんは大学から仙台ですね？

中前　そうです。母の愛が重くて、大学からは一人暮らしをしたいと考えました。本当は東京に行きたかったのですが、東京の大学は落ちたので札幌か仙台にしようと考えました。そして、札幌はさすがに遠すぎるので、家族旅行で行ったことがあって素敵な街だなと思っていた仙台にしました。

未来　ご両親、特にお母さまが良く許されましたね。

中前　心配していましたが、最終的には私の意見を尊重してくれました。

未来　自分の人生にとってここは大事という時があるのですよね。

中前　そう思います。そのターニングポイントにうまく乗る勇気が大切だと思います。

未来　大学時代も真面目に勉強なさったのですか？

中前　仙台が楽し過ぎて友達とあちこち遊びに行ったりバイトをしたり、勉強はあまりしませんでした。

インタビュー取材中の中前由紀さんと木田未来さん

未来　学生時代に思ったり考えたことが現在の仕事に結び付いたというような話が一般的にはあるのですが、今の区議会議員の仕事に繋がるような何かはありましたか？

中前　当時は政治には関心がなくて、インターネットが普及し始めた頃で、これからはインターネットが世の中を変えると思いました。ですからインターネットのシステムやプログラムに関わる仕事がしたいと考えていました。

未来　それは卒業後の仕事というか就職に結び付いたのですか？

中前　ＩＴ企業に就職しました。

未来　どんな会社ですか？

中前　システム、カスタマーサポート、ＣＡＤなどＩＴに関する総合企業でした。それで東京での生活が始まりました。

未来　では新入社員の時代のことをお聞きし

ます。

二　就職、二十五歳で港区議会議員に立候補して落選

未来　新入社員生活はどうでしたか？

中前　新人研修が終わり、いろいろな事業部がある中で私はＣＡＤ事業部に配属されました。パソコンで図面を描く仕事です。私がやりたかったのはシステム開発やプログラミングだったので、やりたいことと違うなとモヤモヤしていました。そんな時に、インターネットで知り合った人が『総理に若者の声を届けよう』という集まりを開催するというので、友達ができればいいなという軽い気持ちで参加しました。政治や社会貢献に関心のある若い人たちの勉強会でした。それが政治に関心を持つきっかけでした。

未来　早くも政治的な活動ですね。その時から議員になることをお考えだったのですか？

中前　そこまでは考えていませんでした。会社の仕事にやりがいを感じられなくて、自分探しの時だったのかも知れませんね。そこで会った人たちと交流するようになって、元都議会議員の人から港区の区議会議員に立候補しないかと声を掛けられました。

未来　議員向きだと思われたのでしょうか？

中前　それは分かりませんが、その方は港区から立候補していて、ご自分の票田を拡げるためにも

息の掛かった区議会議員を育てたかったのだと思います。自分に議員が務まるのかと思いましたが、興味を惹かれ、出ることにしました。

未来　決断は早かったですね。議員こそ自分の仕事だと思われたのですか？

中前　そこまでは考えていませんでしたが、港区の行政に注目してみたら、実にいろいろなサービスをやっているのにうまく住民に届いていなくて、勿体ないな、この橋渡しが必要という確信はありました。それで港区に引っ越して、会社も辞めて準備をしました。二十五歳。分からないことばかりで大変でした。

未来　仙台の大学を選んだ時のようなターニングポイントですね。

中前　そうですね。そうしてよく分らないまま選挙に出て、結果は落選でした。がっかりすると同時に、ホッとしている自分がいました。議員をやるならもっと港区について知っているべきではないかという思いがありましたから。落選後は、税理士事務所に勤めました。でも、月日が経つうちに、私に期待してくれた七九五人（自分を除くと七九四人）の重みを感じ、しっかり勉強してその思いに応えたいという気持ちになりました。

未来　それで次の選挙を目指されたのですね？

中前　そうです。まず区議会議員がすべきことは何かと考えました。区は区民のためにいろいろ考え、サービスを用意しているのですが、区民にきちんと届いていません。区民に伝えるにはどうしたら良いか？　広報の充実ですが、区民に伝わりやすい広報とは？　その逆に区民が考えていることや希望していることが区の行政に伝わっていない。それを伝えるにはどうしたら良いか？　区民と行政の間に入って繋いでいくのが議員の仕事です。区民の意見や考えは多様ですので、議員になるなら常に区民の中に居て、その時々の声を聞いていかなければと思いました。

ところが両親が猛反対しました。両親の父親が田舎で地方議員をしていて、大変なのを見てきたからです。最初の時も反対でしたけれど、落ちたんだから諦めるだろうと思っていたようです。

未来　猛反対をどう押し切られたのでしょうか？

中前　私の強い思いを知って親の方が諦めました。初回の選挙と違って四年間の準備期間があったので、仕事をしながらじっくりと地域活動をすることが出来ました。区民の集まりに参加して意見交換をしたり、政策決定のプロセスを学んだり、駅でチラシを配ったり。そして四年後の二十九歳の時に当選できました。

三　二十九歳で当選、区議会議員活動、そして目指すもの

未来　ここからは議員活動についてお聞きします。二十九歳で初当選されて、最初にお考えになったことは何でしょうか？

中前　責任重大だなと思いました。また、議員はいつでもどこでも区民に見られているという意識を持って行動しなければとも思いました。

未来　それはどういうことですか？

中前　信号無視をしないというようなことから、嫌な時でもニコニコするなど、今考えるとプレッシャーでガチガチになっていたのかも知れません。

未来　連続当選されていますが、現在も変わりませんか？

中前　ある程度は意識していますが、今はもっと自然体でいられるようになりました。

未来　区民と行政を繋いでいくのが議員の仕事とおっしいましたが、実行出来ているのでしょうか？

中前　それは基本ですから、変わらずに努力しています。初めの頃は政策を実現する方策を掴むのに苦労しました。政治ですから、物事を形にするにはいろいろなプロセスやチャンネルがあり、自分が正しいと思っていることを議会に訴えたからといって、すぐに実現するわけではありませんでした。

未来　どう乗り越えられたのでしょうか？

中前　港区内外の他の議員の活動から学ぶことや区の職員から教えて貰うことが大きかったです。どの世界でもそうだと思うのですが、人間関係が大切です。私は政党に所属していない無所属の議員で、議会では政党所属の議員が大半なので少数派になります。ですが会派という形で他の政党の方たちとグループを作ることで、充実した活動ができるようになりました。

未来　会派というのは？

中前　政策の方向性や考え方が一致している議員でつくるグループです。同じ政党の議員だけで組むことも可能です。会派単位で政策の実現に向けて活動していくことになります。

未来　なるほど、議会の中で仲間を作るわけですね？

中前　そうです。会派として政策提案をすれば議員個人で提案するよりも多くの賛同者がいるわけですから推進力になります。今回インタビューを受けた立憲民主党の兵藤祐子議員も同じ会派です。区議はそれぞれに活動エリアや得意分野があるので、会派には多様な意見が集まってきます。そういう点でも会派の存在が議員活動の支えになっています。港区を良くするために仲間と真剣に議論し行動しています。とてもやりがいがあります。

未来　議会は毎年、どの位あるのですか？

中前　定例議会は年に四回。三月、六月、九月、十二月に、各二週間から一カ月あります。その他に各種委員会があります。議会以外では、区民の集まりに参加したり、電話やメールで受けた相談に対応しています。実現できることばかりではありませんが、無所属で五期当然できたのは一定の評価をしていただいているお陰だと思っています。

四　独身生活と健康法とオシャレと

未来　ここから、私生活の話になりますが、中前さんは独身を通していらっしゃるそうですが、なぜ結婚なさらないのでしょうか?

中前　特に理由があって独身を通しているわけではないです。今までそういうご縁がなかっただけです。でも独身だと昼も夜も仕事に対応出来るので楽だなとは思います。

未来　三十歳くらいになると、ご両親や周りから、まだ結婚しないのかとか言われるので辛いって聞いたことがあるんですが、中前さんの場合はどうでしたか?

中前　言われた時期もありましたが、最近は言われなくなりました。年齢のせいもあると思いますが、言う人は心配して言ってくれているので、私が充実した毎日を送っているのを知ると言わなくなります。これからはいろいろな生き方が認められる時代になっていくと思うので、いわゆる世間体に振り回されず、それぞれが自分の納得する生き方が出来るといいなと思います。

未来　そうですね。健康問題はどうですか?

中前　ハードワークで疲れることはたびたびありますが、大病はしていません。

未来　日頃心掛けている健康法は?

中前　体を動かすことが好きなのでジョギングや水泳をしています。仕事の移動はほとんど自転車です。年齢を重ね、バランスの良い食事を心がけるようになりました。

未来　なるほど。

中前　議員の仕事も楽しくやっています。楽しいと思える仕事が出来るのは幸せだと思います。

未来　そうか、自分に合っている好きな仕事が出来て、それがみんなの役に立つのが一番幸せですね。

中前　ありがたいです。

未来　ではオシャレについて、特に気を掛けていらっしゃることは何でしょうか？

中前　清潔感があることと親しみやすさを感じて貰えるよう心掛けています。典型的な女性議員のイメージとされる派手な原色のスーツは着ません。

未来　清潔と親近感、分ります。

五　女性が社会を変えるという思いを込めて後に続く女性たちに

未来　今回のインタビューのテーマは『これからの社会は女性が変える』ですとプロデューサーの高畠さんから聞いていますが、中前さんのご意見をお聞きしたいのです。

中前　女性の能力や価値が低く見られてきた歴史がありましたが、女性の力を活かすことで社会はより良くなると思います。未来さんはお医者さんを目指されていますが、入試で男子を優先した医大が問題になったことがありましたね。どう思われました？

未来　怒り心頭です。性差別があったことは事実ですが、あってはならないことだと思います。

中前　そうですよね。同じ女性、同じ男性でも個性があり個人差がありますし、男性、女性と性別で区切るのではなく、個々人の違いが補い合える社会にしなければと思います。若い人たちを見ているとその考え方は定着してきたかなと思いますけれど、男性社会を引きずっている人たちが、今も支配者側にいて、既得権益を守っている部分もあります。そこを変えていくのが私たちの役割ですね。

未来　そうですね。

中前　私は港区の議会や行政など自分の関わっている身近な社会から変えていきたいと思っています。

未来　最後に、私たち若い世代に期待することをおっしゃって下さい。

中前　一緒に社会を変えていきましょう。

未来　何をやれば良いでしょうか？

中前　まずは自分に出来ることを考えてみて下さい。その上で、一人では出来ないことは誰と、どういう組織で実現できるのか？　これからの社会に必要なのは世代別の考え方ではなく、世代を越えて繋がることだと思います。

未来　分りました。社会を変えるには、まず自分を変えなければと思いました。ありがとうございました。

インタビューを終えて

インタビューを終わっても、中前由紀さんは少女のままの大人の女性という存在感は変わらなかった。少女のままというのは成長していないのかと思われては困るので若干説明させて頂きたい。私は『少年の心大人の知恵』こそ素晴らしいと思って、私自身もそうありたいと思って生きて来ました。私が知る限り、ほとんどのアーチストが少年の心を持ち続けているし、創業者と言われる経営者たちもそうだった。女性の場合なら『少女の心大人の知恵』と言うことでしょう。少女は好奇心旺盛で怖いと思いながらも眼を輝かして冒険をする。大人になるに従って、社会の仕組みの中に入り、冒険心を無くして行く。しかし、大人になっても少女の心を失わず、学んだ大人の知恵を武器にして未知の世界へ入って行く。そういう少女の心と大人の知恵を持っている人たちが社会を変えて来たし、これからも変えていく力になると信じている。

少女のままの大人の女性である中前さんを素晴らしいというのはそういう意味である。そう考えると中前由紀さんは社会を変え、日本を変えていく有力メンバーだと期待できる。そこが中前由紀さんの魅力だと再確認したインタビューだった。

中前由紀プロフィール（二〇二一年五月現在）

一九七四年二月生まれ。京都府出身。京都の同志社中学・高校卒業。仙台の東北大学教育学部卒業。ＩＴ企業に就職、ＣＡＤ事業部に配属される。社会人となり、社会に目を向けたとき、行政と住民がうまく連動していないことにもどかしさを感じ、二十五歳で港区議会議員に立候補するも一四票届かず落選。税理士事務所に勤務しながら四年間地域活動を行う。二〇〇三年／二十九歳、港区議会議員に初当選。現在五期目。一貫して無所属。十名の区議会議員からなる超党派の会派『みなと政策会議』に所属。保健福祉常任委員長、交通環境等対策特別委員。東京オリンピック・パラリンピック対策特別委員。

九　霜鳥まき子さんのこと

霜鳥まき子さんに最初にお会いした、というよりお見掛けしたのは二〇一五年四月頃、六本木の麻布区民センター事務局のカウンター前だった。何か特別のオーラが出ていて、一瞬にして惹きつけられた。服装も通常のおしゃれ着でもカジュアルな普段着でもなく、あまり見掛けない不思議なセンスを感じるものだった。派手で目立つというのではなく、この本の冒頭で書いたアメリカで言うスマートな女性と感じた。私は麻布区民センターを中心に活動する《麻布演劇市》のメンバーであり、たびたび区民センターに立ち寄っているので偶然見掛けたというわけだ。

二度目にお会いしたのは一カ月後の五月中旬、私が主宰する《スタジオQ》公演『雑魚レストラン』（七月二十四日初日、区民ホール）で子役を探していて、区民センター事務局から紹介された小学校三年生女子の母親だった。娘さんは謙虚でありながらしっかり観察していて、的確に対応する素晴らしい女の子だったので、霜鳥まき子さんは子育てもしっかりしていると感じた。

その後、霜鳥まき子さんはスタイリストとして会社も立ち上げて単に服装やアクセサリーのおしゃれアドバイザーだけでなく、個人の仕事や生き方も含めて、個性を考えてアドバイスするスタイリストらしいということや、本も書いてテレビ出演もしているということも少しずつ分かってきた。日本航空のキャビン・アテンダントを辞めて新しい仕事にチャレンジする時、不安はなかったのだろうか？　まき子さんがセンスが良いのは感じていたが、スタイリストに必要なプロのセンスはどのようにして身に付けてきたのか？　ご主人はまき子さんの生き方をどう見ているのか？　中学生になったあの聡明な娘は母親をどう見ているのか？　アメリカで言うスマート・レディ、聡明で周りの人たちを惹きつけてやまない魅力はどこからくるのか？　日頃、どういうことを心掛けて自分磨きをしているのか？　それを知りたいと思って、是非インタビューしたいと申し込んだ。快く引き受けてくれたのが嬉しかった。

霜鳥まき子さんの生き方、安定を棄ててチャレンジし、子育てしながらイキイキと生きて行く。その生き方は先行き不安な中で学生生活をし、会社勤めをし、専門職に邁進している二十代の女性たちに何らかの指針なり、勇気なり、生きる知恵を与えてくれるのではないかと思っている。

不安な現代の日本社会、しかもコロナで二〇二〇年度は大学に一度しか行けなかった十九歳の上智大学法学部一年生(四月から二年生)田熊優衣さんにインタビュアーを務めて貰った。インタビュアーの経験は無いけれど、魅力的に生きる女性から学びたいという率直な気持ちが溢れていて、愛情あふれるインタビューになった。

(二〇二一年二月二十六日収録)

一　子ども時代から青山学院大学、そしてＪＡＬ就職まで

田熊優衣（以後優衣）　初めまして、田熊優衣と申します。上智大学一年、十九歳です。

霜鳥まき子（以後霜鳥）　パーソナルスタイリストの霜鳥まき子です。よろしくね。

優衣　最初に、子ども時代とご両親のことをお聞きしたいのです。

霜鳥　私は長崎の生まれです。母親は女性も一人で生きる力をつけなければならないと考える人で、当時は私を音楽家に育てたかったようです。四歳からピアノを習い、その後、プロになることを目標に教える音楽学校を受験して、小学校に行きながら通って作曲も学びました。私は始めたら途中で辞めるような性格ではなかったので、音楽学校から帰っても防音室の自分の部屋でピアノ、運動会から帰った日も体操着のままピアノを弾いて、外で遊んでいるの見たことないって近所の人に言われてたの。私は子どもが習い事を途中で止めてしまった時、大人が悲しい表情をするのを子どもなりに見て知っていたのね。母親に悲しい顔をさせたくない、失望を味わわせたくないと思っていたような気がする。でもそういう思いで続けたピアノで初めて人に認めて貰ったことで、私の人間形成に役立ったのかなと思うの。

優衣　ピアノでセンスと人格を磨き上げたのかも知れませんね。

霜鳥　そうね。今でも母と話すことがあって、もしピアノをやってなかったらどうなっていたんだ

ろうねって。その一方英語も好きでね、高校生の時外国人が教える英語学校に通った。音楽で身に付けたのか、私は絶対音感を持っているので聞き取りもスーッと耳に入ってくるから発音もすぐ上達。英語を使って仕事をしたいなとこの時思い始めたの。ただ同時進行で作曲して演奏したコンサートを終えた時、自分が将来やりたい仕事ではないかもと思い、字幕翻訳家になりたいと考えて青山学院の英米文学科に入ったの。すると、当時の日本では数少ない黒人文学に夢中になった。やっぱり人とは違うことをやろうという性格だったのかもしれないね。

優衣　私もピアノを弾きますから分かります。絶対音感なんて凄いです。それなのに英米文学に切り替えるなんて、凄いです。

霜鳥　海外ドラマが好きで、子どもの頃から海外志向だったのね。長崎から海外へ。そのためにはまずは東京へという気持ちだったのよ。東京に来て、学ぶにも働くにも遊ぶにもチャンスがあるって分かった。私は欲張りな性格だからわくわくした。たくさんのバイトをして、夢中でやることなすことすべてに熱中していたら、あっという間に大学生活は終わりに近づいたの。

優衣　翻訳家になるか、それとも就職か?

霜鳥　その頃にはバーやFM局のDJなどのバイトをして視野が広くなり、海外志向だったのとファッションが好きだったので、キャビン・アテンダントを目指して日本航空、他には海外旅行会社、ファッションの仕事を目指してアパレルメーカーやファッション誌の出版社も受けました。

優衣　アパレルは音楽や英米文学とは違うファッションセンスというか感性が必要ですよね。今の

インタビュー取材中の霜鳥まき子さんと田熊優衣さん

スタイリストの仕事に必要なのもプロのファッションセンスですね。そういうセンスはどこで身に付けたのでしょうか？

霜鳥　小学生の頃、親友の家に行くと『エム・シー・シスター』という中学、高校生向きのファッション雑誌があって、夢中で観ていたの。雑誌だけでなく、その子の着こなしの工夫が羨ましくもあり、負けたくないと思ったの。

優衣　子どもの時から好きだったのと負けたくない気持ち。

霜鳥　そうね。良きライバルがいつもいたかな。

優衣　分かりました、就職ですが、日本航空に合格したのですね？

霜鳥　他も合格したのですが、キャビン・アテンダントは年齢制限があったのと好きな海外に行けると考えて決めました。私は欲張りだから他の仕事もしたかったけれど、キャビン・アテンダントをした後でも出来るって考えたのね。欲張り過ぎるって怒られそうだけれどね。入社して訓練が終わって国際線に勤務するようになって、楽しかったですね。制服でキャリーバックを引いて空港を歩くとワクワクしたわ。行先の海外のホテルで時差で眠れない時は、日本からファッション雑誌を十冊位持って行って、必要なページをスクラップして楽しんだのよ。それが後で役に立つことになったわね。

二　結婚、辞職、そしてスタイリストへ

優衣　私のように女子大生はまだ考えませんが、会社へ勤めて数年経つと恋愛や結婚がキャリアを考えるうえで重くのしかかると聞いています。霜鳥さんはその頃、どう考えていらっしゃいましたか？

霜鳥　子どもは欲しいと思ってた。でも世界を文字通り飛び回りながら、やりたいことはいっぱいあったし、結婚はまだ考えなかったわ。

優衣　でも結婚された。ご主人との出会いや結婚について話して下さいませんか？

霜鳥　そろそろ三十歳になるなっていう頃、私は人との出会いや交流に積極的だったからパーティーや食事会にもタイミングが良ければよく出ていたの。そんなある時、食事会で偶然会ったんです。食事会に出席していた人たちの間で誕生日の話になって、私と誕生日が同じ人が三人いたのよ。夫

はその一人で、チームになれるなって感じたの。引き合わせなのかなって思える不思議な感覚があったので付き合うようになって。相性が良かったんでしょうね。結婚しました。転職もＪＡＬに入社して十年が経って中間管理職になっていたのですが、そろそろタイミングかなと思って辞職したのです。突然の辞職だったので、職場の仲間に反対されましたね。安定した仕事を辞めてどうするの？　見通しがあるの？　って心配してくれたんですよ。その頃のＪＡＬの職場では人情味のある先輩が多くてね。心配して貰えたことは嬉しかったですね。でも決めたことですから、私は後戻りはしません。

優衣　ご主人は反対しなかったのですか？

霜鳥　夫は私が考えて決めたことは信頼してくれていて反対しない人ですから相談もしていません。それに辞職してから報告したんです。

優衣　えッ！

霜鳥　夫もびっくりはしていたけれどね。石橋を叩いて渡るっていう諺があるけれど、私は途中で崩れることは覚悟で叩かないで渡ります。夫はそういう私を知っていて結婚したのですから。この、夫の『許容する』という性格は見事に娘に引き継がれ、私も彼を見習う部分は大いにありました。

優衣　凄い関係ですねぇ。結婚にはそういう信頼関係が必要なのでしょうね。

霜鳥　私は常に新しいことにチャレンジしていきたいから、その理解者が欲しかった。でも、結婚も千差万別。いろいろあるんだから。

優衣　それで相談はしないでスタイリストに？

霜鳥　相談はしなかったけれど報告というか話はしましたよ。ファッション雑誌のスクラップが役に立って、私はＪＡＬ時代から相談されてまわりにアドバイスはしていました。でもヒントになったのはニューヨークで偶然出会った経験です。お客様を案内しながらショッピングに同行している人がいたのです。店の人ではないのですよ。お客さまの相談に乗りながら別の店にも行って買い物に付き合っているのです。そういう時、私は遠慮しませんからどういうことなのか聞いたのです。パーソナル・ショッパー（Personal Shopper）ですって言うの。お客さまの希望を聞いて、お客さまが満足する買い物をするのが仕事だって。そういう仕事があるのかって、発見でしたね。それで、日本で最初の個人的なスタイリストになろうと思ったの。それで調べてみたら、日本にも先駆者はいたのよ。勉強しなければプロにはなれないとは思っていましたから弟子入りして、有限会社ファッションレスキューでスタイリスト経験を積んだのです。身重を隠すためにふわっとしたワンピースで面接に行き、絶対受かると物凄い目付きだったというのは後輩に語り継がれているようです。

優衣　石橋は叩かないっておっしゃったけれど、無謀ではないのですね。

霜鳥　自分を知り、どういう努力をしなければならないかはいつも考えているからよ。スタイリストのプロの世界に入って分かったのは、映画やテレビに出演する人やパーティーに出席しても取材されるような人たちのファッション・コーディネートをするプロのスタイリストはいるのですが働く女性やリタイアしてもおしゃれをしたいと思っている人たちにアドバイスするスタイリストはほとんどいない。そういうパーソナル・スタイリストが必要とされていると確信したの。思い付いたら即実行。株式会社SPSO（シモトリ・パーソナル・スタイリング・オフィス）を立ち上げました。依頼された人たちと一緒に買い物に行き、選んで買って、アクセサリーやバッグや小物もコーディネート、その装いで夢をかなえる方をたくさん見てきました。それがずっと私の原動力なんです。パーソナルスタイリストとして十五年目になります。

優衣　順調に歩んできた十五年ですか？

霜鳥　多少は困難なことはあったと思うんですけど、私は困難なことを困難と考えずに乗り越える楽しみや知識が増えた、やってみないと分からないと考えるのです。だから楽しい努力をしている内に、十五年が過ぎたのね。その間に二万人前後の老弱男女のスタイリングをはじめ、衣食住をトータルに素敵で楽しい人生のアドバイスやプロデュースをしてきました。

優衣　二万人ですか！　凄いですね。

霜鳥　SPSO所属のスタイリストもいますから出来るんです。お客さまの個性や状況を考えてプランニングするのは私たちの仕事だと思っています。だから私はお客さまからの電話はいつでも受けますし、全員を覚えているのではないのですが、電話をいただいてお話していると思い出します。何年ぶりかで電話をいただくこともあるので、電話番号は変えないのです。お客さまが、どんな気持ちで電話をされているのかを考えたら、電話番号を変えたらいけないと思うのです。

優衣　お客さまのことを考えていらっしゃるんですね。

霜鳥　お客さまだからではないですよ。人間関係で大切なことは相手のことを、自分だったらどうか、と考えることだと思っています。

優衣　そうですねそうですね。相手に対する愛、お客さまに対する愛がなければですね。

霜鳥　そうなのよ。特にパーソナル・スタイリストはお客さまのことを思ってお客さまと一緒に考える。愛がなければ務まらないと思っています。

優衣　分かりました。愛を持って相手のことを考えるようにします。

霜鳥　それが人間関係の基本かもしれないね。

三　出産、子育て

優衣　結婚をして、子どもは欲しいと思っても、出産を切っ掛けに職場を失うのではないか、失わないまでも自分がやりたい仕事、自分を生かせる職場で働けなくなるのではないかと悩んでいる三十歳前後の女性が多いと聞いています。出産と子育てのことをお聞きしたいのです。

霜鳥　すべて話しますのでなんでも聞いて下さい。

優衣　この本の企画者の高畠さんがプロデュース・脚本・演出をした舞台に、娘さんの百花《モカ》さんが小学校三年生、八歳の時に出演して貰って、高畠さんは百花さんのことを凄く気に入ったそうです。謙虚でいながら積極的で、寡黙でいながら理解が早くて的確に動く。そしてその母親の霜鳥さんは活発でバリバリ仕事をしている女性なんだよと言っていました。私も結婚して子どもも産んで育てて、それでも周りから認められて社会的にも評価される生き方をしたいと思っているのです。霜鳥さんの出産と子育てを詳しくお聞きしたいのです。

霜鳥　分かりました。ＪＡＬを辞めて、スタイリストになり、間もなく出産して子育てをすることになりました。私は娘と一緒にいる時間は大切だという思いは強かったので、娘を保育園に預けている時間は猛烈に仕事をしました。子どもを保育園から引き取った後は、一緒に過ごしました。この仕事は土日の方が忙しいので、土日は休みの夫に娘を看て貰って動きました。保育園も夫も駄目な時は、娘をベビーカーに乗せて百貨店へショッピングの下調べに行ったこともありました。そういう時に馴染みになった年配の店員さんが、看てるから仕事しなさいと言ってくれて、効率良く仕事をこなせたこともあります。感謝するだけでなく、お客さまに対して人間的な愛があるんだなあと感じて、心も豊かになりましたね。

優衣　霜鳥さんに愛があるから相手も愛で対応してくれる気がします。

霜鳥　そうかな。家族に対してもそうよ。私は忙しくて、妻として母親として夫や娘にしてあげたいことの全ては出来ない。でも、学校の役員は出来るだけ全力でやったり、愛する気持ちだけは負けないつもりよ。夫もそれが分かるから何も言わずにカバーしてくれているわ。

優衣　小さい子どもも分かるものでしょうか？

霜鳥　分かるのよ。一歳や二歳でも、言葉が解らなくても愛情で抱きしめたり、髪をなでたりすることは肌感覚で伝わるのよ。私が居ない時は、夫が食事を作って娘と二人で食事をしてくれたの。今は、娘も中学生になって子どもとは思えない観察をして、考えて意見を言ってくれるわ。私が何か考えて、周りは反対している時でも家族は反対しない。私を否定しない人が一人はいる。いいえ二人はいる。夫と娘の二人が私に勇気を与え、力になるのよ。私の最後の砦ね。

優衣　それが家族なんですね。

霜鳥　そうよ。それが家族。

優衣　やっぱり家族の存在って大きいですねぇ。

霜鳥　今は家族のカタチも変わってきたでしょ。ヨーロッパでは夫婦別姓どころか入籍もしないで、一緒に住んで子どもも産んで育てる。フランスでは大統領夫妻だってそうでしたからね。私はね、別居結婚だっていいと思うのよ。大切なのは形ではないのよ。

優衣　頭では解るのですが、日本では社会的に難しいのではないですか？

霜鳥　そう、現実はね。でもあなたのような若い世代が日本社会の見えない壁を乗り越えて行かなくては。その時に必要なのは何だか分かる？

優衣　何でしょうか？

霜鳥　必要なのは愛、形ではなく家族の愛だと思うの。結婚に必要なのは相手に合わせ過ぎて自分を失わないこと、お互いに補い合うこと、相手をフォローすることかな。根底にあるのは愛。

優衣　そうですね、愛ですねぇ。愛を信じられるかどうか。

霜鳥　そうよ、信じられる愛。
優衣　子育ても、その愛ですか？
霜鳥　そうよ。子育ての話をするとね、赤ちゃんの時はこの子を守らなくちゃという思いは強くあったけれど、ミルクをあげたりオムツを替えたり分からないことも多かったし、仕事も忙しくなったし、寝たか起きたか分からない毎日で疲れているはずなのにエネルギーが溢れてくるの。赤ちゃんは母親に力を与えてくれるのよ。幼稚園から小学生一年、二年生の頃は、日に日に言葉を覚え、知恵が付いていくのが楽しみだったし、喜ばせてくれた。三年生、四年生になると、思いがけない発想をしてくれて驚いたりわくわくしたの。五年生、六年生になると大人になったなァと感じる時があるようになった。小学校の卒業式で「母のように温かく、父のように懸命に生きる人を目指します。笑顔で互いを大切に思い合える社会を作りたい」と言った時は、私なんかより広い目線で夢を語るんだなと感動したのを覚えています。子どもだから大人の話は分からないって思っていると間違ってしまうわ。子どもの面と大人の面と両方が存在しているのよ。子どもに一人の自立した人間として接することで、娘だけでなく私も成長したと思うの。
優衣　自分が小学生の頃を考えるとすごく分かります。そうですよね。
霜鳥　娘は四月から中学三年生になるけれど、私は悩んだ時相談することもあるのよ。娘は一緒に悩んでくれて、考えてくれるの。
優衣　一緒に悩んでくれるなんて、素晴らしいですね！

霜鳥　そうでしょ！　一緒に悩んで考えているうちにアイデアが生まれるし、悩みも解決してくるのよ。

優衣　私も一緒に悩んだり考えてくれる人が欲しい。

霜鳥　結婚もまだ先の話かもしれないから、そういう本当の友だちをつくることね。でも慌ててつくることはないのよ。幅広く付き合っているうちにきっとそういう友だちか恋人が出来るわ。それから親にも、親というより一人の人間として接したらより強い親子関係になると思うの。あッ、あなたのことあまり知らないでこんなこと言ってごめんね。もう素晴らしい親子関係かも知れないのにね。

優衣　良い親子関係だとは思います。でも親を親としてしか見ていなかったと思います。

霜鳥　これから意識をちょっと変えてご両親と接してみたら何かが変わるかもしれないわ。自分が親になって両親の有難みを感じたし、子どもだからと否定せずに長崎から世界を見せてくれたことは尊敬しているの。

優衣　そうですねそうですね。分かります。

霜鳥　それから私はパーソナルスタイリストとして、お客さま一人ひとりの衣食住を含めて相談にのって、お客さまにとって何がベストかを考えてアドバイスをしたり、プロデュースをして来ましたから、娘に対しても何がベストかを考えて接してきました。その結果としてそれなりに自立した娘になってきましたし、ますます自立した女性に成長していくと思います。

優衣　霜鳥さんのお母さまが娘に願ったことが、娘さんに引き継がれ行くのでしょうか？
霜鳥　あら、そう言われればそうね。嬉しいな。

四　交友関係、人から学ぶもの

優衣　ここから交友関係というか人との付き合い方についてお聞きしたいと思います。まだ学生の私としては、交友関係は中高校時代の同級生とかバイト先の人くらいです。大学に入って新しい友だちができるのを楽しみにしていたのですが、コロナでオンライン授業。一年生の一年間で一度しか大学へ行っていないのです。四月から二年生になりますが学校に行けるかどうか分かりません。コロナ明けには交友関係を増やしていくことを楽しみにしているのですけれど、どのようにしたら良いのか、教えていただきたいと思います。
霜鳥　中高時代の同級生とか、大学の同級生の交流は大切で社会に出てからも長く続く素晴らしい関係です。学んだり体験した世界が近いので今も良く会いますが、会うと懐かしかったり理解者でいてくれることが嬉しかったり。ただ、私は同年代だけとあまり群れないようにして来ました。同じ会社の人たちとの交流も仲間意識としては大切ですが、職業の違う人や年齢の違う人たちと積極的にお付き合いするようにしてきました。そこには私の職業では知らない専門知識や、私の世代とは違う社会認識、価値観がありましたからね。それが私の幅を広げてくれました。私はチャンスがあれば積極的にそのような場に参加して交流してきたのね。そこでお会いした人たちから情報も頂きましたし、学んできたの。

優衣　そうですか。でも知らない人に会うって勇気が要りませんか？　騙されたり利用されたり脅かされたり。

霜鳥　そうね、用心は必要ね。紹介者や一緒に行動する人、新しく会う人の情報も必要ね。でもあまり消極的になっては世界が広がらないし、学ぶチャンスも失ってしまうわ。

優衣　分かります。

霜鳥　私は老若男女のお客さまからも情報を貰ったり教えて頂いていますよ。

優衣　お客さまからも？

霜鳥　ＪＡＬ時代の私は若かったこともあり、曲がったことが大嫌いでぶつかったりもしたのよ。そんなある日のフライトで、ファーストクラスのご夫婦のお客さまから学びました。

優衣　何を学ばれたのですか？

霜鳥　静かでゆったりとしているのに、何か惹きつけるものがあるのよ。気品もあり、知性も感じるの。ああ、こういう余裕のある豊かな人間にならなくてはと思ったので、注文されたものを運んでちょっとしたやり取りをするときも、そのご夫婦の一挙手一投足を観察して頭に入れたの。それからの私は正義感の強い部分とサービスでバランスを取れるようお客さまに対応する努力をしました。ピアノレッスン、英会話レッスンの時もそうだったけれど、私はこうと思ったらまっしぐらに努力する性格なのね。それが今の私をつくったと思うの。

優衣　今のお仕事のお客さまからも学ばれるのでしょうか？

霜鳥　今のお客さまは仕事も生き方も多種多様ですからね、学生時代には会えないような人たちにお会いすることもありますし、キャビン・アテンダントのときと違って、何度もお会いして話し合うことも出来るのです。ですから相手のことも深く分りますし、会うたびに新しい発見もあるのです。お客さまのセンスから学ぶこともありますし、ご年配のお客さまからは昔の知識を学びます。昔の洋服の素材の話をお聞きして、ネットや博物館で調べたこともありますよ。今ではすっかり、ストーリーを感じる古着が好きになり、それが仕事の幅に繋がるんです。

優衣　好奇心がなければ駄目ですね。

霜鳥　そう好奇心、それが大切よ。私は好奇心のかたまりだから、プロにお会いすると、プロに学びたい気持ちから、ご迷惑かなと思いながらもどんどん聞いてしまうの。ＬＩＮＥの交換も早いと娘にいつも突っ込まれているわ(笑)。相手の方も私の熱意を感じてくれて親切に教えて下さる。そういう関係から自分にない才能との連携が生まれて衣食住プロデュースという業務内容に発展したのよ。

優衣　発展していくポイントは何でしょうか？

霜鳥　人間ね。多くの人間に会うことで人間を見る目が出来てきたし、スキルやノウハウだけでなく信頼できる人かどうか見分ける力も付いてきたの。人間関係で大切なのは信頼できる関係かどうかだと思うわ。

優衣　分かります。でも、信頼していたのに裏切られたなんて話もあって……。

霜鳥　それはね、いろんな理由できちんと見られていなかったということね。間違わないために多くの人に会って相手を知ること、人間を見る目を養うことが必要なのよ。信頼していた人から裏切られた場合はどうしたら良いかを考えてみましょう。相手が信頼できない人間なのに間違って見ていたのか？　相手にも裏切らなければならない事情があったのか？　いろいろと考えて、今後のための学びにすることとね。その後はあまりクヨクヨと考えないで前向きに切り替えること。またそのことで自分のスタンスをかえないこと。例えば、いつも大事にしなさいと娘に伝えるのは『礼儀』。それがあれば、悲しいことがあっても、正しい人が手を差し伸べてくれるし、チャンスをくれる。そして、道は見えてくるし未来に繋がると思うの。

優衣　前向きですね。

霜鳥　そうよ。若いのだから前向きに。いや若い人だけではないわ。幾つになっても前向きに生きなければね。私もいつも自分に言い聞かせているわ。

優衣　大学では教えて貰えないことを学べて嬉しいです。

霜鳥　教えることは学ぶことなの。私は専門学校で教えているけど、私は生徒から学んでいます。教えるだけだったら出ないような熱意が学ぼうと思うから出てきます。それが良い結果や新しい発展に繋がるのよ。全てに意欲的に取り組むことが大切だと思うわ。

五　魅力的な人とは

優衣　衣食住を含めて総合的に魅力的な女性をプロデュースしている霜鳥さんですが、ご自身の魅力のプロデュースについてお聞きしたいと思います。まず衣装ですが、今日の服装はあまり見掛けない服装ですね。

霜鳥　変だと思う？

優衣　変じゃありません。ぴったりお似合いです。

霜鳥　ありがとう。服は名刺って思っていて、私の仕事と私の個性を考えて、独特でありながら違和感を感じさせないことを願って、仕事着でも普段着でもなく、動き易くて、そのままパーティーに出ても可笑しくないような服をよく着ています。また職業柄、洋服って楽しい！　って思って貰えるような服を着ています。それが私の個性になっています。

優衣　凄い金髪ですが、それも個性的なおしゃれですか？

霜鳥　これはね、おしゃれというより決意を表すために始めたことなの。ＪＡＬを辞めてスタイリストになろうと決めた時、後戻りはしない覚悟を表そうとして金髪にしたの。男の人が覚悟して挑戦する時、丸坊主になったりするでしょ？　それと同じ心境ね。それに、あの金髪の女性って印象に残りやすいでしょ。

優衣　はい、確かに。
霜鳥　十五年間、これで通しているの。
優衣　一度始めたら途中で辞めない性格っておっしゃってますものね。
霜鳥　そうなのよ。
優衣　食事とか体を鍛えることは？
霜鳥　自分一人のためだったらあまりこだわらなかったかもしれないかな。成長盛りの娘のためにはバランスを考えて作ってる。体のトレーニングも時間があればしているわ。ＪＡＬ時代、ホノルルマラソンも走ってそのままフライトしたのよ。
優衣　マラソンですか？　びっくりです。
霜鳥　身体を動かすことが好きなのよ。
優衣　霜鳥さんの魅力のポイントは何でしょうね？
霜鳥　主人も友人も人情味だって言ってます。
優衣　人情味ですか？　意外ですね。
霜鳥　一見意外なところがいいのかも。
優衣　インタビューもいよいよ最後になりました。今回のテーマでもありますが、霜鳥さんから見て魅力的な女性とはどういう人でしょうか？
霜鳥　外見よりも内面的なものが大きいと思います。好奇心旺盛で前向きで明るい笑顔が素敵。許容範囲が広くて、人情味があって人間力がある。それから自分に合った仕事をし、服を着ていると いうのか、仕事や服とその人の個性が一致している人は魅力的になるわね。だから、素敵な内面を 外に向かって表現出来ていない人の手伝いをしたいんだと思うの。

優衣　そう言われてみると、そうかも知れませんね。

霜鳥　自分に合った仕事をしている人はさり気なく、いつの間にか倍は働くような気がするわ。そ れは好きな仕事だから空気も読めるし、知恵も出るし身体も動くし楽しいからよ。それが魅力的に 見えるんだと思います。

優衣　分かります。

霜鳥　それと、これは私の個人的な好みだけれど、綺麗好きで家事が得意で、それも意識しないで 普通のこととしてしている人は素敵だなと感じるわ。生命力が強いというのかな。

優衣　内面的なことは良く解りました。では外見はどうでしょうか?

霜鳥　外見ね……。

優衣　スタイルとか顔とか。

霜鳥　外見は入口だから最初は外見が大事よね。外見を鍛えて、それに相応しく内面も鍛えて素敵 になる方もいらっしゃいます。まずはスタイルだけれど、無駄のない体つきというのか、活発に動 ける体であることでしょうか。顔は明るくて開かれた顔が良いわね。内面は顔に出るので、暗くて 閉じられた顔は見ていて悲しい。目線は下を向いていては駄目で、前を見ること。それから今を生きている現役感があること。現役でなくなった人は表情から力が無くなっていくのよ。何か現役を続けていたいと思うわ。魅力って、言葉で説明するものではなくて感じるものだから、魅力的だと感じて貰う努力をしなきゃね。それも内面の努力。幾つになっても前向きに努力している人は魅力的だと思うの。

優衣　霜鳥さんから見て魅力的な男性とは？

霜鳥　女性も男性も変わりはないと思うけれど、器が大きいというか、動じないというか、自己主張もいいけど、誰でも平等にフォローしてくれるような気遣いや家族や仲間を思える男性。それでどこか接し方に知性や気品、センスを感じさせる人がいいわね。

優衣　良すぎますよ。

霜鳥　私は欲張りだから。

優衣　今日はありがとうございました。

インタビューを終えて

以前から感じてはいたが、霜鳥まき子さんの前向きですべてのことに全力投球する姿勢は凄いと思う。小さい時から一度始めたら簡単に途中で止めないという性格と新しいことに挑戦する好奇心、自分で決めて自分が責任を取るという自立性が今の彼女を作っていると思った。それにしても、JALを辞職した時も夫に事後報告したことには驚いた。普通なら辞職するということは夫婦にとって信頼関係さえ崩れるくらいの大問題だ。驚いてはいてもすんなり認めたご主人に器量の大きさを感じたし、夫を信じ妻を信じる素晴らしい夫婦像を感じた。娘さんの百花《モカ》ちゃんが八歳の時に子役をお願いして、その成り行きでまき子さんにも芝居のレストランの場のお客役でエキストラ出演もしていただいたのだが、忙しい仕事の合間を縫って、三日間五回の舞台に出演して下さったこと、百花ちゃんも含めて無報酬にも関わらず誠意を持って対応して下さったことに改めて感謝している。

二〇二〇年一月に私が企画したイベントに、中学一年になっていた百花ちゃんが同級生三名と一緒に参加してくれた。そこに集まった二十人を超える人たちが参加して、横五メートル縦一メートルの特殊画材に特殊絵具で自由に抽象的な絵を描くリペルアートの試みに、百花ちゃんとその三名も楽しそうにチャレンジしてくれた。著名な抽象美術家でありリペルアートの第一人者小川移山氏が描いた上に百花ちゃんたちは自由に塗り重ねていく。百花ちゃんは特別指示したりしないのに、仲間の男の子たちを仕切っていた。それを小川移山氏はニコニコと見ていた。移山氏は自分の立場や権威などは関係なくて良いものは良いという人だから、百花ちゃんと男の子たちの自由で豊かな感性を認めて嬉しくなっていたのだろう。インタビューでまき子さんは、娘を自立した一人の人間として育てたと語っていたが、その結果こんな素晴らしい百花ちゃんになったのかと今回改めて感じた。余裕がある人は対話し、余裕のない人は怒ると思いますが、余裕をもって、子どもと言えども人格を認めて対話しながら育てるとこんな魅力的な中学生になるのかと、今回の霜鳥まき子さんのインタビューを終わって感じた。

霜鳥まき子プロフィール（二〇二一年五月現在）

株式会社ＳＰＳＯ代表パーソナルスタイリスト／衣食住プロデューサー

長崎市生まれ。青山学院大学文学部英米文学科卒業。日本航空（ＪＡＬ）で国際線ＣＡとして十年乗務後、（有）ファッションレスキューでスタイリスト経験を積み、株式会社ＳＰＳＯ（シモトリパーソナルスタイリングオフィス）を立ち上げる。パーソナルスタイリストとしては一五年目で、二万人前後の老若男女のスタイリングをはじめ、様々な事業をＳＰＳＯ所属スタイリストと展開。女性活動推進を掲げて実行している人に贈られる『ウーマンズバリューアワード』の二〇二〇年度個人賞受賞。

メディア出演▼ＮＨＫ「ノーナレ」密着ドキュメンタリー特集出演、ＮＨＫ「あさイチ」、フジテレビ「ノンストップ」、関西テレビ「キメツケ」出演、日本テレビ「マツコ会議」元ＪＡＬＣＡの華麗なる転身特集に出演

書籍▼『洋服で得する人損する人』（中国語版も発売）『洋服で得する人損する人の服の着方』（大和書房）『人生が変わるクローゼット整理』（マイナビ出版）『世直しスタイリスト霜鳥まき子の得する黒損する黒』（小学館）『大人の服選びの教科書』（サンマーク出版）『指導医のための医学教育学』（京都大学学術出版会）

その他▼活動実績

VOLVOユニフォームデザイン

長野佐久長聖中学高校制服デザイン

バンタンデザイン研究所「パーソナルスタイリング」「ビジネスマナー」講師

小学館「Domani」ＷＥＢ版にてコラム執筆

ＤＭＭにて女性向けオンラインサロン「サンカンテナーズ」主宰

大手企業社長管理職スタイリング・プロジェクト

京都大学・東京経済大学・ロータリークラブなどでファッション講座

ホテル・コンシェルジュより受注のインバウンド客のショッピング同行

家事代行サービス「タスカジ」や「パソナ（プロフェリエ）」とのコラボ事業

百貨店や路面店でトークショー／販促イベント

冠婚葬祭トータルプロデュース

弊社併設パーソナルスタイリスト養成講座「ＳＰＳＯアカデミー」運営
株式会社ＳＰＳＯホームページ：https://www.spsojapan.com/
twitter：psshimotori
facebook：makiko shimotori
Instagram：SHIMOTORIMAKIKO

十　卜部裕里子さんのこと

南麻布、フランス大使館に近いビルの三階のセントレホールで毎週木曜日午後十二時からのコーヒータイムのあと、十二時三十分から一時十五分までランチタイム・コンサートが行われていた。主催は慶應義塾大学の音楽クラブ『ワグネルソサエティ』のＯＢたちがクラシック音楽を楽しむために立ち上げたＮＰＯ法人ＳＭＳだった。代表はスタインウェイ・ピアノ・ジャパン(Steinway & sons Japan)の会長だった鈴木達也氏。スタインウェイの一九二九年製造、アメリカへ送って修復した履歴もあるグランドピアノがあって、海外の音楽院修了とか国際的な音楽賞受賞歴のある演奏家が出演基準だったから簡単には聴けないようなアーチストの演奏を会員は五百円、一般客千円で聴くことが出来た。音楽を愛して止まない鈴木さんのプロデュース力と会場提供のビル・オーナーをはじめ運営に奉仕している慶應ＯＢ仲間の活動に感謝した。私を鈴木さんに紹介してくれたのは桐朋音楽院卒業後イギリス留学、英国王立音楽院修了のピアニスト吉田恵さんだった。それ以来、私は会員になり時々聴きに行っていた。ある日、その日のコンサートが終わって帰ろうとしている時、私の琴線に触れる女性がいたので声を掛けた。明るい笑顔で「来週ここに出演するんです」と言うので、「必ず来ます」と約束した。それが卜部裕里子さんに会った最初だった。

一週間後の二〇一五年十月八日のランチタイム・コンサート、入場者数は百人前後で補助席が出るほどの満席、三十代から四十代の女性客がメイン、いつもは五、六十人だったので驚いた。後日、卜部さんに聞いたら友人や幼稚園のママ友だちと言った。プログラムも映画やテレビのテーマ曲やミュージカル・ナンバーで、いつものクラシックを演奏するコンサートとは違ったが、演奏の楽しさと音楽性の高さには驚いた。プロフィールによると国立音大卒業後、ハンガリー国立リスト音楽院修了とあるのに意外な選曲だったが、アレンジも彼女自身がしていて音楽水準の高さに感心した。そしてアンコールでリストの曲を弾いたのだ。その素晴らしい演奏にまた驚いて感動した。私はクラシックもポピュラーもジャズもラテンもポップスも演歌も好きだ。ジャンルに関係なく良い物は良いというのが音楽だと思っている。私の音楽に対する思いを実践している音楽アーチストがここにいると思って嬉しくなって、そのことだけは伝えてお別れした。

その後、卜部裕里子さんとメールの交信はしていたが特別お会いすることはなかった。二〇一八年三月に二年五カ月ぶりにお会いしたのは、私が卜部さんに頼みたいことがあったからだ。私が主宰する劇団《スタジオQ》は麻布演劇市参加劇団として港区の支援を受けていたが、そのためには港区在住の代表者が必要で、三年に一度の契約更改だったので今回はアーチストに頼みたいと思っていた。卜部さんが港区在住なのでお願いしたのだ。卜部さんは会うなり「やっと離婚出来ました」と嬉しそうに言った。二、三度会っただけの人に言うことではないが会うなり言ったということは、卜部さんは私と時空を超えて結び付く何かを感じてくれていたのだと思えて嬉しかった。スタジオQ代表の話も、条件や任務など何も聞かなかった。

「私でよろしいのですか?」「はい」「わかりました、お受けします」と無駄のない演奏、いや会話で済んだ。この人は気持ちが良いくらいストレートで裏のない人だと思った。私が詐欺師なら大変なことになるが、アーチストの直観力で詐欺師ではないと判断してくれたのだろう。私はこういう人をリスペクトする。

その後、何度かお会いして、高畠というのは面倒なのでQさんと呼んで貰うことにして、私も裕里子さんと呼ぶことにした。シングルマザーになって育てている二人の息子に会えたのは二〇一八年のクリスマス、赤坂教会のイヴ・コンサートだった。姫井牧師の素晴らしい講話もあって、私は知人友人を誘って毎年参加する。その年のイブには卜部さんと二人の息子と港区議会議員の中前由紀さんに参加して貰った。裕里子さんはそのまま実家に帰るというので大きなトランクを持って来ていた。教会から地下鉄駅までトランクをどちらが運ぶかで兄弟が争っていたが、小学校六年生の兄陽介君が四年生の弟瑛介君に譲った。坂道で瑛介君はトランクに乗って転がりだした。兄は弟を心配して追いかけたが裕里子さんは二人をニコニコと見ていた。男の子だから多少の怪我をしても良いという最近では珍しい母親と「ママはボクたちが守る」という気持ちの子どもたち。素晴らしい家族だと感じ、素晴らしいクリスマスプレゼントを貰えたと嬉しかった。
日本にもシングルマザー時代が来る。こういうシングルマザーなら「私もなっても良いかな？」と女性たちに思って貰いたいという気持ちで、女優の傍島ひとみさんにインタビューをして貰った。

（二〇二一年四月四日収録）

高畠コメント

SMS主催ランチタイムコンサートや夕方のワインコンサートで、私は素晴らしい音楽アーチストに出会った。ショパン・コンクールでディプロマ賞を得たピアニスト岩崎洵奈さんやアメリカ独立二百年記念音楽祭で若きアメリカのホープとして選ばれたピアニスト田崎悦子さんにも会えた。ヴァイオリニストの漆原啓子さんに三十数年ぶりにお会い出来たのもワインコンサートだった。サンリオのミュージカル・アニメーション『妖精フローレンス』（一九八三年）の脚本と音楽プロデューサーを私が担当した時に、音楽監督の山本直純さんと相談して、フローレンスの音はヴァイオリンと決めて、まだ十九歳の東京藝大学生だった漆原啓子さんにお願いした。フローレンスに恋をする音楽少年マイケルの音はオーボエにして宮本文昭さんにお願いした。その頃宮本さんは既にヨーロッパで活躍、漆原さんも東京藝大卒業後は欧米がメイン。岩崎洵奈さんも一年の半分以上は欧米だ。SMSは開場を渋谷道玄坂のノナカ・ミュージックハウス6Fノナカ・アンナホールに移して、第一、第三水曜日午後二時〜三時に『若き巨匠シリーズ』を、第二水曜日午後七時からは『若き巨匠管楽器シリーズ』を主催している。クラシック音楽を楽しんで貰いたい、一緒に楽しみましょうという素晴らしい心が溢れている。（『妖精フローレンス』声の出演者は中島みゆき、小林亜星、市村正親、鞠谷友子他）

一　子ども時代からピアノピアノピアノで大学まで

傍島ひとみ（以後ひとみ）　ピアニストになる人はみなさん小さい時から稽古を始めていらっしゃる

ようですが、卜部さんはいくつの時からでしょうか？

卜部裕里子（以後卜部）　三歳です。母がピアニストですから、物心ついた時からピアノに触っていました。母はピアノを教えていましたから、母が生徒に教えている間は生徒の母親が私と遊んでくれたりする生活でした。小学校に入ると学校の友だちも習いに来るようになったのです。生徒たちの間で母は怖いピアノ教師で有名でした。練習に集中出来ないと『顔を洗っていらっしゃい』と言うし、一音でも間違えると直るまで帰さないのです。『今日は早く帰ってきなさいとママに言われているんです』と生徒が言うと、母は生徒の家に電話するのです。生徒の母親から『夜まで大丈夫です』と聞くと、さあ続けなさいって言って他の部屋で自主練習をさせるのです。

ひとみ　別の部屋にもピアノがあるんですか？

卜部　ピアニストの家ではよくあることだと思います。

ひとみ　時間内で教えるというより、ピアノが身に着くまで教えるぞっていう気持ちが伝わってきますね。

卜部　そうなのよ。私にも母は厳しいので怖かった。夜、寝る前の自主練習に疲れてベッドに入っているとし母がやって来て、まだ終わってないわねって起こされて、また練習させられました。

ひとみ　それは厳しい。

卜部　でしょ。『顔洗っていらっしゃい』は私も言われました。でも今は感謝しています。

ひとみ　音楽以外のことは考えなかったのですか？

卜部　新体操もやってみたいと思いましたよ。でも身体が固かったので諦めました。

ひとみ　中学高校時代は？

卜部　母の母校、国立音楽大学付属中学高校です。音楽の専門家を目指す子どもたちばかりですから、厳しい競争ですよ。諦めて高校から転校して行く子もいました。私は学校でも家でも音楽音楽、ピアノピアノっていう生活ですし、ピアノが好きでしたから、迷いなくピアノに没頭しました。大学もそのまま国立へ進みました。高校から大学時代には、各種音楽コンクールの全国大会に出演して賞を貰いましたし、国際音楽コンクール『長江杯』では一位なしの二位になりました。大学時代はテクニックがどんどん身に付いていきました。テクニックは今の私よりあったと思います。

ひとみ　プロになってテクニックも上がっていくのじゃないのですか？

卜部　プロというのは総合表現力ですから、テクニックだけなら若い時の方が良かったというのはあると思います

ひとみ　なるほど、分りました。

卜部　プロになるにはヨーロッパ留学が必要、どこへ行くか考えるようになりました

ひとみ　ハンガリー国立リスト音楽院に決められたのは、リストがお好きだったからですか？

卜部　いいえ、そうじゃないです。リストよりプロコフィエフが好きでしたから。

ひとみ　ではなぜ？

卜部　日本で試験を受けられるチャンスがあったからです。

ひとみ　それではハンガリー留学時代のお話をお聞きしたいと思います。

二　ハンガリー国立リスト音楽院時代

ひとみ　ハンガリーには国立音大卒業と同時に留学されたのですか？

ト部　そうです。言葉もマジャール語ですから全く解りません。でも音楽は世界共通語ですから心は繋がります。今思い出すのは楽しいことばかりです。

ひとみ　音楽の専門的なことよりも日常的な留学生活のお話をお聞きしたいです。

ト部　借りた住まいのピアノは夜九時までしか使えませんし、音楽院も夜は九時半か十時には出なければならないので、教会に行くのです。音楽院の先生はプライベートで教会のオルガニストもしていたのですが多忙のため、私が任されていました。それで教会にオルガンの練習に行っていたのです。裏から入って狭い階段を上がって行くと、パイプオルガンが演奏できる部屋に着くのです。そこで稽古をするのです。

ひとみ　昼も夜も稽古ですか、ピアニストってそんなに稽古するんですか？

ト部　一日稽古しないと三日遅れるって言われますからね。でも私はピアノを弾いている時が楽しいんです。

ひとみ　なるほど。それにしても教会は夜中でも入れるのですか？

卜部　鍵を預かっていましたから。そこでパイプオルガンを弾いたり、イスで休んだりして朝まで過ごすのです。パイプオルガンを弾いていると神さまを近くに感じましたね。オルガンは響いて外まで聞こえるので、夜中に怪しいって思われるのじゃないかと心配はしました。それにお腹が空きますからチェリーをいっぱい持って行って食べるんです。果物で思い出しましたけれど、ハンガリーは柿の産地なんです。それで日本から送って貰った『柿の種』をあげると受けてね、『これを植えて柿を収穫しよう』なんて笑い合って、盛り上がって食べるのよ。

ひとみ　裕里子さんは陽気で明るいですね。国際的に通じるんですね。

卜部　私は根っから陽気で、いつも前向きに考えるのです。ピアノが無いからパイプオルガンで稽古したことが役に立って、教会合唱団オルガニストとして、ハンガリーだけじゃなくルーマニアまで演奏旅行をしたのです。

ひとみ　通常の音楽留学では体験できないことですね。

卜部　そうなんです。マイナスがプラスになりました。学校では知ることが出来ないことを学びました。ハンガリーの人はお酒が好きで強くて、バスの中でペットボトルのウオッカを飲むんです。それから大きな沼で泳いだり。私も水着は持って行っていたので誘われたのですが、誘いに乗らなくてよかったんです。

ひとみ　どうしてですか？

卜部　泳いだ人たちが藻だらけになって上がって来たの。みんなで大笑いよ。

インタビュー取材中の卜部裕里子さんと傍島ひとみさん

ひとみ　楽しそう。それはそれとして、やっぱり音楽留学ですし、リスト音楽院ですから、リスト曲の演奏に関してお聞きします。リストは指が長かったから、自分は弾けると思って作曲しているけど、指が長くない演奏家には難しいって聞いたことがあります。どうなのでしょうか？

卜部　指の長さを気にしたことはありません。リストは自分で弾いているので演奏家としては弾き易いです。演奏しない作曲家、特にパソコンで作曲した曲は演奏し難いです。曲と一緒に呼吸出来ない感覚です。

ひとみ　お芝居の場合も、自分でしゃべりながら書いている作家の芝居は演じる役者としてはやりやすいと思いますね。でも、役者が演じやすいのが良い芝居とは言えないことも多いですけれど。

卜部　そうでしょうね。

三　結婚、出産、そして離婚

ひとみ　では結婚と出産についてお聞きします。
卜部　二〇〇三年に二年間のハンガリー留学から帰国したのですが、留学前から付き合っていて、遠距離恋愛をしていた相手と二〇〇六年に結婚しました。一年後に長男、その二年後に次男が生まれました。既に離婚していますから夫のことはあまり話すわけにいきませんが、子どもたちのことなら話せます。
ひとみ　ぜひ話して下さい。
卜部　私は男の子が欲しかったので嬉しかったですね。それまではピアノと音楽だけが生き甲斐という人生だったけれど、子どもとの対話、対話って言っても泣き声や笑顔だけど、音楽に例えれば子どもの存在が曲で対話が演奏みたいで、音楽と同じくらい生き甲斐になりましたね。
ひとみ　子どもを産んで育てて分かることでしょうか？
卜部　そうよ、私だって子どもを産んで育てて初めて分かったことよ。最近、幼い子どもに食事も与えないで殺しちゃったりする事件が増えているけれど、信んじられない。
ひとみ　経済的な問題と相手の男性、特に父親でない別の男性の問題ですね。

卜部　経済的な問題は分かりますし、孤独に耐えられなくて男性と結びつく気持ちも分かりますが、子どもがいるということは孤独ではないのです。子どもを一個の人間として対話することで孤独ではなくなりますよ。経済的な問題も子どものために諦めないで努力すれば道が開くように思います。

ひとみ　子どもからパワーを貰うのですね。

卜部　そうよ。それから結婚前からの話ですけれど、私はピアノを弾いていると自分の音に癒されるの。音楽が好きで音楽ありきの私ですから、幸せなことにいつも音楽が原動力になりました。それで、ピアノを弾いている人間そのものが聴いている人の心に響き伝わるような演奏をしたいと思うようになったの。それを突き詰めていって、演奏だけでなくアレンジも自分でするようになったのです。

ひとみ　留学から帰国後、ポップスやポピュラー中心の活動が増えてますね。そのことと、今おっしゃったことは関係あるのでしょうか？

卜部　以前から興味はありました。クラシックとは違うお客さまとの一体感があったのです。クラシックには基本ベースがあって、それはそれで大切で、基本を守りながら自分なりの解釈をして演奏する喜びはあります。それに対してポップスやポピュラーは自由度が大きいので楽しいのですが、一つ間違うと原曲の良さまで失ってしまう危険があるのです。ジャズなんかもっと自由でしょ？

ひとみ　芝居の場合でもアドリブが許される場合と一字一句変えては駄目な作品があって、役者が自分が言いやすいとか演じやすいという理由で替えて怒られる場合もあります。

卜部　また音楽の話になってしまいましたが、離婚の話もしなきゃ駄目ですよね？

ひとみ　そうなんです。離婚どころか結婚もしていない私としてはどうお聞きしたら良いのか分かっていませんので、卜部さんの話せる範囲で話していただけますか？

卜部　分かりました。私には楽しいことでした。私は音楽活動と育児に夢中になっていましたのですが、私には楽しいことでした。子どもは年々どころか一カ月、二カ月で変わっていくのです。体力的にも時間的にも大変な一個の人間として対応すると面白いだけじゃなく教えられることも多くて、充実していました。ところが子どもたちが幼稚園に入った頃から、夫は徐々に落ち込んでいくというか、私と子どもたちのサークルに入って来れないようになってきたのです。それは分かったのですが、どうすれば良いのか私には解らないのです。もともと繊細な人でしたし、そこは好きな面でもあったのですが、会社のことで悩んでいたのです。なにも話さなくなり、会社も休むようになりました。後で鬱病と分りましたが、自分が病気だと認識するのが難しいのが鬱病です。私もどうしたら良いのか解らなくて、子育ては手抜きが出来ないし、だんだんピアノから遠ざかって行ったのです。弾いても自分の気持ちが指に乗らなくなったのです。これでは弾いても意味がない。だんだんピアノに触らない日が増えていって、ピアノが埃を被っていたのです。実家に帰ってもピアノを弾かない。私に取っては考えられない毎日が続いたのです。辛かったですね。私は、外では明るく振る舞っていたのですが、家では暗くなっていたんでしょうね。長男が私に、『ママ、笑わなくなったね』って言ったんです。これはいけない。どうしたら良いのか？　私にはピアノがある。ピアノを弾きたい。私はピアノに向かって弾きました。その時、分ったのです。子どもたちを連れてこの家を出て行くしかない。

ひとみ　離婚ですか?

卜部　正式には三年後に離婚が成立したのですが、その時はとにかく出て行こう、このままでは駄目になるということです。私は引っ越し先を探しましたがグランドピアノを置けるマンションがなかなか見つからないのです。子どもたちの小学校や私がピアノを教えている人たちのことを考えるとあまり遠くへは引っ越したくなかったので、大変でした。

ひとみ　ご主人はどうおっしゃっていたのでしょうか?

卜部　あまり意見を言わないのです。ただグランドピアノの話をしたら、『ピアノを捨てなさい』って言ったのです。ピアノは私の身体の一部なのに、この人は私のことを何も解っていない。離婚するしかないと思いました。やっと同じマンション内で、ピアノを置ける狭い部屋が見つかって、引っ越して目標を決めました。

ひとみ　どんな目標ですか?

卜部　一つはピアノを教える仕事の充実です。私は教えることが好きですから、家ではあまり弾かなくなってからも子どもから大人まで教えていたのです。幼稚園の先生にも教えていました。これからは生活のためにも充実しなければということです。もう一つはコンサートです。子どもが出来てだんだん遠ざかっていましたが、子どもたちも小学生になったし、自分のためにもコンサートをしなければと思ったのです。

ひとみ　それでＳＭＳのコンサートに出演なさったのですか？

卜部　可能性を求めて探して、鈴木さんに会えて実現したのです。その前から自分のコンサートならと想定して選曲やアレンジをして、稽古もしていました。鈴木さんもそれを認めてくれたので実現したのです。二〇一五年十月七日、目標を決めてから七カ月掛かりました。この陰には、中学・高校からの恩師、菊池大成先生の支えがあって実現したのです。菊池先生はワグネルソサエティと繋がりがあると分かり、不思議な縁を感じました。このコンサートで、私の音楽に対する考え方を理解して貰えたし、ママ友のみなさんにも好評だったのでほっとしました。私の再スタート記念日になりました。そこでＱさんにも会えたので、今日のインタビューへ繋がったわけです。

ひとみ　再スタートですか。正式離婚も成立したのですか？

卜部　それは二年五カ月後の二〇一八年二月です。夫がはっきりしなかったのと、法的な問題もありましたから時間が掛かりました。やっと正式に離婚が成立してほっとしましたね。その直後にＱさんからスタジオＱ代表の話を頂いたのです。スタジオＱがどういう活動をしているかあまり知らなかったのですが、私を信用してくれたことが嬉しくて引き受けたのです。

ひとみ　エポックエポックに高畠さんに会ってますね。

卜部　そうなのよ。偶然が運命を決めるみたいな感じね。

四　シングルマザー生活、音楽と子どもたちが支えてくれた

ひとみ　ここでシングルマザーの生活についてお聞きしたいのです。私の周りの女性たちも子どもは欲しいけれど結婚はしたくないという人が多くなっているのです。ご主人のピアノ捨てなさい発言じゃないですけれど、理解されていないのに結婚を続けることは自分を活かすことにならない。だけど子どもは欲しい。でも一人で育てられるのかと悩んでいるのです。私も悩んでいることです。

卜部　私はそこまで考えたり悩んだりして結婚して子どもを産んだわけではないです。子どもは欲しかったから喜んで産んで育てている。でも私には私の生き方があり、彼には彼の生き方があるわけですから、お互いにそれは尊重しなければと思っていました。その二人の間に生まれた子どもは別な命です。その尊重する関係が崩れた時、離婚を選んで良かったと思っています。別れる前から子どもは私に力を与えてくれましたし、別れた後からはこの子たちのためにと思うと力が湧いてきました。そういう愛を子どもたちは感じてくれて返してくれているのです。私の場合は男の子だから、ママを守らなくちゃと思ってくれるのですね。その気持ちだけで守られている気がするのです。これからはシングルファザーも増えてくる時代になる。その場合は女の子がいいのかな、パパのゴハン作ってあげるよなんて言われたら娘のためなら何でもする気になるだろうな、なんて想像してしまいます。

ひとみ　そういう話を聞くと、シングルマザーもいいなあと思ってきました。フランスはシングルマザーの支援制度も出来ているし社会的認知も進んでいるようですね？

卜部　私はハンガリーですからフランスのことは詳しくないです。Qさんが詳しいですからQさんに聞いて下さい。

ひとみ　後で聞いてみます。子どもたちはいま中学生ですか？

卜部　中学二年と小学校六年です。長男はサッカー・クラブチーム、次男はダンスと演技に夢中です。子どもたちがやりたいことを見つけるチャンスは作るようにしましたが、後は本人たちが夢中になるかどうかですね。

ひとみ　音楽はどうですか？

卜部　私がピアノを弾いてる時もテレビを見たりゲームをしたりしています。体を動かすのが向いているらしいですよ。サッカーにダンスですから。

ひとみ　自由にのびのびした雰囲気ですね。

卜部　自由にしていますから楽しいけれど、厳しくもしていますよ。

ひとみ　ママの笑いは戻りましたか？

卜部　怒る時も笑ってます。

高畠コメント
私の娘もシングルマザーでパリに住んでいるし、孫もパリで生まれたから、あくまでも個人情報だが、フランスでは税金や公共料金だけでなく子どもを育てる生活全般に関してシングルマザー優遇や支援があるようだ。驚いたのは出産が無料だということ。フランス国籍ではない私の娘も無料で出産したようだ。子どもがいて通常の夫婦と同じように生活していても、夫婦別姓どころかシングルマザーのケースが多々ある。なぜそうなのかというと、精神的に自立できることや離婚や財産関係でトラブルが少なく法的問題がないことだという。確かに人権尊重とまではいかなくても人間尊重精神から言えばその方が良い。フランソワ・オランド前フランス大統領夫人もシングルマザーだったから社会的認知も進んでいる。

五　これからの女性の生き方

ひとみ　最後に、これからの女性の生き方について何かアドバイスして下さい。

卜部　私自身がアドバイスが欲しい状況で頑張っている真っ只中ですからアドバイスは出来ません。

ひとみ　卜部さんがどう思うかを聞きます。卜部さんは私には音楽があるピアノがある。それがあるから立ち直れるという感じですよね。

卜部　そうです。

ひとみ　わたしは今、演劇があるからとなりつつあります。でも働く女性の大半はＯＬやセールスウーマンや店員、そして各種作業員などです。そういう女性たちは職場を失ったり結婚生活や育児で苦境に立った時、頼るものが無いじゃないですか。どうしたら良いでしょうか？

卜部　難しいわね……逃げないことと捨てる勇気かな。

ひとみ　逃げない？　どういうことでしょうか？

卜部　私は育児や夫との問題で辛かった時も逃げないで考えました。ピアノを弾くのは雑念を払って自分を白紙にして問題に立ち向かうためで、ピアノに逃げてはいけないと思いながら弾いていました。美味しい物をたべるとかお酒を飲むとかドライブするとかジョギングするとか、気分転換をして問題に向き合うこと。問題から逃げたら解決しないと思うの。どうかしら?

ひとみ　そうですね。逃げないことの意味、分かりました。次に捨てる勇気とは何んでしょうか?

卜部　恋愛とか結婚とか親子の問題だけでなく、友人や職場を含めた人間関係ですが、それまでは感じなかった違和感を感じる。でもなかなか踏ん切りがつかずモヤモヤした時期が、私もありました。でも、今やっと無理をしないで良いのだと思うようになりました。変わって行く私を受け入れられない友人もいる。でも応援してくれる人もいる。それなら応援してくれる人を信じて行こうという潔さが必要だと思うのです。そうすれば次へのエネルギーが湧いて来ると思います。

ひとみ　恋人や夫にも、時には親や兄弟姉妹、子どもにも未練を残してズルズルと引きずらないということですね?

卜部　そうね。でも親や兄弟、特に子供はそう簡単に切り捨てるわけにはいかないから、距離を置いてみるということかな……。人生って先の先までは分からないし、計画しても思い通りに行くとも限らないから、これは駄目だと思ったらそこまでは捨てて再スタートする。運命って分からないから、その後復縁があったり復帰があったりするかもしれないけれど、一度けじめを付けた方が良いと思うのです。

ひとみ　そうかァ……そうすればすっきりした人生になりそうですね。

卜部　そうだったんだ。自分で言っていて、今、気が付いた（笑）

インタビューを終えて

卜部裕里子さんほど明るくて人を疑わない女性に会ったことがない。それなのによくぞ悪い人間たちに騙されないで生きて来たものだと思っていた。今回のインタビューでハンガリー時代に教会でパイプオルガンを弾いている時に神様を感じたと話していたが、それで分かった。裕里子さんは神さまに守られているのだ。息子たちに会えたのは一度だけだが、母親譲りで明るい性格だと感じた。私は男はやさしくなければいけないと思っているが、息子たちはやさしい。それも表面的なやさしさではない、根っからのやさしさを持っている。神さまは息子たちを通してこれからも裕里子さんを守ってくれるに違いない。

卜部裕里子さんの音楽センスと目指して来た方向に最初から共感した。卜部裕里子さんのコンサートを聴きたいと思っている。考えてみれば、私は映画と演劇だではなく音楽のコンサートも企画してプロデュースしてきた。北海道旭川市や福島市の大きなホールでのコンサートから新宿のライブハウスを借りて開催した映画音楽を中心にした演奏会もあった。クラシックベースのコンサートで演奏家もクラシック系だが、尺八や三味線やお琴もジョイントして新しいチャレンジもした。そう考えてみると『卜部裕里子コンサート』を聴きたいなら私がプロデュースすれば良いではないかと気が付いた。コロナが終わったら実現しよう。そのためにはＳＭＳの鈴木達也さんと北博之さんに相談するしかない。

卜部裕里子プロフィール（二〇二一年五月現在）

三歳よりピアノを始める。国立音楽大学付属中学、高等学校を経て国立音楽大学器楽学科ピアノ専攻入学。

一九九四年／日本クラシック音楽コンクール全国大会にて秀演賞受賞。

一九九五年／全日本ソリストコンテスト入賞。

一九九九年／大曲新人音楽コンクール全国大会にて優秀者演奏会出演。『長江杯』国際音楽コンクール二位（一位なし）入賞。

二〇〇〇年／アジアクラシック・コンサート最優秀賞受賞。

二〇〇一年／国立音楽大学ピアノ専攻、池澤朗子門下を首席で卒業。ハンガリー国立リスト音楽院留学。留学中、St.Laszlo教会合唱団オルガニストとしてハンガリー、ルーマニア演奏旅行。

二〇〇三年／リスト音楽院修了。帰国。ポップス、ポピュラー音楽中心の活動開始。台場ヴィーナスフォート・クリスマスコンサートなどコンサート活動。各種イベント、ホテルなどでも演奏。

おわりに

今回インタビューさせていただいた女性たちは、私が魅力的だと思う女性たちで長い人とは六十年、短い人でも密度の濃い付き合いをしている女性たちだ。彼女たちは、子ども時代から学校生活、就職、結婚、出産、離婚、現在まで語ってくれた。私はインタビューをお願いする時に、「話したくないことは話さなくてもいいけれど、話す限り正直に話して下さい」とお願いした。インタビューの録音を聞いて原稿に起こしてみて、インタビュアーが未熟な面もあったので聞き洩らしたことやもう一度聞きたいことが出て来た場合は想定で書いてから読んでもらった。「言わなかったのによく解かって書いてくれたわね」という箇所と「嘘はいけません嘘は。私はこんなにカッコ良くないわよ」と訂正された箇所もあった。十名に共通していることは正直で自分を飾らないことだ。正直に自分を曝け出しても変わらないのが本物の魅力なのだと再確認した。

離婚してシングルマザーの道を選んだ三人の辛さもよく分り、その辛さを乗り越える時に子どもが如何に力になったかもよく分かった。二〇一六年に私は『ミス・デザイン』という題名の芝居で優秀な女性の根底にある問題として、結婚はしたくないが子どもは欲しいという女性を描いたが、それから五年たって益々増えている。今回インタビューした三人のシングルマザーの発言がそういう女性たちに勇気を与えるかも知れないと思った。

自分らしい生き方を貫きながらも結婚して子どもも育て、幸せな家庭を作っている三人の女性のインタビューで分ったことは夫に選んだ人の理解と協力だ。三十歳くらいまでしっかりと自分の人生のパートナーとしてどういう男性が良いのか考えて選んで結婚している。結婚相手をどういう視点で選んだか、離婚した三人の女性のケースと合わせて、これから結婚する女性たちの参考になるのではないかと思う。

結婚しない女性も増えていて、好きな仕事を続けたいとか経済的な理由、男性恐怖症や結婚そのものがしたくないなどが主な理由のようだが、今回の独身女性三人は結婚したくないとは言わないし、結婚しても自分の仕事を続ける基盤はあるし経済的にも余裕があると思うが、それにも関わらず独身を通している。二人は縁が無くて独身のまま来てしまったと言う。独身も悪くないと思いながら縁があれば結婚しても良いというスタンスだ。同じ空間に四六時中自分以外の人間がいるのが耐えられないというのが、もう一人の結婚しない理由。この三人の独身を続けている女性たちに読者が共感して明るく楽しくなってもらえるなら嬉しく思う。

インタビュアーの可能性あふれる若い女性たちを紹介したい。年齢順にしますが、最後の三人はインタビュー時には十九歳か二十歳、誕生日の月の差で前後が違うかも知れない。

傍島ひとみ　女優（青年劇場所属）
大林ちえり　女優（Bleuailes 所属）
松本舞花　バンタンデザイン研究所スタイリスト本科生
木田未来　聖マリアンナ医科大学二年生
田熊優衣　上智大学法学部二年生

この本の企画意図に協賛してインタビュー中にスナップ写真を撮ってくれた写真家の石黒健治、角川功裕、西村智晴、アシスタントを引き受けてくれた板倉慧の各氏に感謝します。またインタビューの録音を全部引き受けてくれた吉川雅子さんにはあらためてお礼申し上げます。最後に、出版を引き受けてくれた彩流社に深く感謝いたします。

高畠久プロフィール
一九三九年七月一六日樺太（サハリン）生まれ。

樺太泊岸小学校、北海道栗山小、札幌北九条小、京都春日小から京都のヴィアトール学園洛星中・高校卒業して早稲田大学文学部演劇科入学。一～二年生早大演劇研究会で活動。三年生演劇科合同公演演出。四年生『女性自身』取材記者。

一九六二年四月東宝文芸部企画制作課入社。映画の企画・制作活動。その間ペンネームで松竹映画『夜の片鱗』の脚本執筆、一九六四年度米国アカデミー賞外国語部門ノミネート。

一九六七年十一月東宝退社。十二月大阪万博ガスパビリオン『笑いの世界』映像イベント・アソシエート・プロデューサー契約。一九七〇年以後フリーのプロデューサー&脚本家。映画、テレビの企画・脚本活動。

一九七五年、企画制作プロ設立。以後、文化映画、ＰＲ映画、各種イベント、音楽コンサート等の企画・脚本・プロデュース。二〇一二年演劇プロデュースグループ《スタジオＱ》設立。演劇公演活動開始。

作品歴

映画作品『若い季節』『俺についてこい！』『侍』『肉体の学校』『女嫌い』など多数。（以上東宝時代。以後フリー）『喜劇・右向け左！』『銭ゲバ』『学園祭の夜・甘い経験』『百万人の大合唱』『三億円をつかまえろ！』『どてらい奴』『トルコ行進曲』『無力の王』『妖精フローレンス』『夜の哀しみ』などを東宝、松竹、東映、日活、サンリオなどで脚本制作。

テレビ映画『傷だけの天使』『荒野の素浪人』『荒野の用心棒』他。

ＰＲ映画＆イベント『スーパー・ダイエー創立二十周年記念映画・大いなる挑戦』『イトーヨーカドー新年会年間方針発表五面マルチスライド』（三年連続）

音楽コンサート／旭川市、福島市、草津市主催のコンサートなどの企画制作他。

演劇作品『ママ、ボクを殺さないで』『人は来たりて見よ　甘粕正彦憲兵大尉』『猫、わが愛わが命』『雑魚レストラン』『ミス・デザイン　離婚親権裁判』『私はレイプを告訴する』『喜劇・わが町を救え！』『駅』『端縫いのクニマス』

未映画化シナリオ代表作『幕末の親不孝たち』（十代の次郎長、お蝶、小政、石松たち）『The Legend of FORMOSA』（鄭成功の台湾攻略戦。米国 WritersGuild 登録済）他

【編者】
高畠久
…たかばたけ・ひさし…

1939年7月16日樺太（サハリン）生まれ。樺太、北海道、京都で小学校。ヴィアトール学園洛星中・高卒。1958年早稲田大学文学部演劇科入学、1～2年生早大演劇研究会で活動。3年生演劇科合同公演演出。4年生『女性自身』取材記者。1962年4月東宝文芸部企画制作課入社。映画の企画・制作。1963年ペンネームで松竹映画『夜の片鱗』脚本執筆、1964年度米国アカデミー賞ノミネート。1967年11月東宝退社。12月大阪万博ガスパビリオン『笑いの世界』映像イベントプロデューサー補契約。1970年以後映画、テレビ、文化映画、PR映画、各種イベント、音楽コンサート、企画・脚本・プロデュース。演劇グループスタジオQ主宰。

Sairyusha

魅力的《みりょくてき》な十人《じゅうにん》の女性《じょせい》
二〇二一年八月三十一日　初版第一刷

編者——高畠久
発行者——河野和憲
発行所——株式会社 彩流社
〒101-0051
東京都千代田区神田神保町3-10
電話：03-3234-5931
ファックス：03-3234-5932
E-mail：sairyusha@sairyusha.co.jp

印刷——明和印刷（株）
製本——（株）村上製本所
装丁——中山銀士＋杉山健慈

Printed in Japan, 2021
ISBN978-4-7791-2773-1 C0095
http://www.sairyusha.co.jp

フィギュール彩
〔既刊〕

⑫ 大人の落語評論
稲田和浩◉著
定価(本体 1800 円+税)

ええぃ、野暮で結構。言いたいことがあれば言えばいい。書きたいことがあれば書けばいい。 文句があれば相手になるぜ。寄らば斬る。天下無双の批評家が真実のみを吐く。

⑱ 忠臣蔵はなぜ人気があるのか
稲田和浩◉著
定価(本体 1800 円+税)

日本人の心を掴んで離さない忠臣蔵。古き息吹を知る古老がいるうちに、そういう根多の口演があればいい。さらに現代から捉えた「義士伝」がもっと生まれることを切望する。

⑲ 談志　天才たる由縁
菅沼定憲◉著
定価(本体 1700 円+税)

天才の「遺伝子」は果たして継承されるのだろうか。落語界のみならずエンタメ界で空前絶後、八面六臂の大活躍をした落語家・立川談志の「本質」を友人・定憲がさらりとスケッチ。

フィギュール彩
〔既刊〕

⑪ 壁の向こうの天使たち
越川芳明◉著
定価(本体1800円+税)

天使とは死者たちの声なのかもしれない。あるいは森や河や海の精霊の声なのかもしれない。「ボーダー映画」に登場する人物への共鳴。「壁」をすり抜ける知恵を見つける試み。

㊼ 誰もがみんな子どもだった
ジェリー・グリスウォルド◉著/渡邉藍衣・越川瑛理◉訳
定価(本体1800円+税)

優れた作家は大人になっても自身の「子ども時代」と繋がっていて大事にしているので、子どもに向かって真摯に語ることができる。大人(のため)だからこその「児童文学」入門書。

㊵ 編集ばか
坪内祐三・名田屋昭二・内藤誠◉著
定価(本体1600円+税)

弱冠32歳で「週刊現代」編集長に抜擢された名田屋。そして早大・木村毅ゼミ同門で東映プログラムピクチャー内藤監督。同時代的な活動を批評家・坪内氏の司会進行で語り尽くす。

フィギュール彩

〔既刊〕

⑫大阪「映画」事始め

武部好伸◉著

定価（本体1800円＋税）

新事実！大阪は映画興行の発祥地のみならず「上映」の発祥地でもある可能性が高い。エジソン社製ヴァイタスコープの試写が難波の鉄工所で1896年12月に行われていたのだった。

⑪百萬両の女　喜代三

小野公宇一◉著

定価（本体1800円＋税）

「稀代の映画バカ小野さんがついに一冊かけてその愛を成就させました！」（吉田大八監督）。邦画史上の大傑作『丹下左膳餘話・百萬両の壺』に出演した芸者・喜代三の決定版評伝。

⑯監督ばか

内藤誠◉著

定価（本体1800円＋税）

「不良性感度」が特に濃厚な東映プログラムピクチャー等のＢ級映画は「時代」を大いに反映した。カルト映画『番格ロック』から最新作『酒中日記』まで内藤監督の活動を一冊に凝縮。